Dedico esta obra a todos os alunos e pais
que passaram pelo meu caminho
e que, de alguma forma me ensinaram muito.
Para minhas filhas que também me ensinam
a cada dia como é bom amar.

Renata Aguilar

Neurociência Aplicada à Educação

Caminhos para facilitar a aprendizagem na sala de aula

3ª Edição
Revista e ampliada

EDICON

CIP-BRASIL. CATALOGAÇÃO NA PUBLICAÇÃO
SINDICATO NACIONAL DOS EDITORES DE LIVROS, RJ

A235n

Aguilar, Renata

Neurociência aplicada à educação : caminhos para facilitar a aprendizagem na sala de aula / Renata Aguilar. - 3. ed. - São Paulo : Edicon, 2021.

: il.

ISBN 9788529011004

1. Neurociências. 2. Neurociência cognitiva. 3. Aprendizagem - Aspectos fisiológicos. 4. Distúrbios da aprendizagem. I. Título.

18-51418 CDD: 612.82
CDU: 612.82

CONTATO COM A AUTORA: professorarenata.aguilar@gmail.com

COORDENAÇÃO EDITORIAL: Daniela Ljubtschenko Motta

EDICON
Editora e Consultoria Ltda
(11) 3255 1002 • 3255 9822
Rua Gama Cerqueira, 87 Cambuci
CEP 01539-010 São Paulo/SP
www.edicon.com.br
contato@edicon.com.br

Sumário

Neurociência e educação

"A mente que se abre a uma nova ideia jamais voltará ao seu tamanho original."
(Albert Einstein)

Hoje ouvimos e lemos muito a respeito da Neurociência na escola, mas são inúmeras informações até mesmo técnicas que, muitas vezes, o professor, sim aquele professor que está em sala de aula com 25 a 30 alunos não consegue aplicar ou mesmo compreender tantas informações e também compreender como o funcionamento do cérebro poderá ajudá-lo no dia a dia da sala de aula .

Não podemos descartar a importância e as contribuições da Neurociência para o âmbito escolar, é preciso descortinar, quebrar os paradigmas e entender como o cérebro aprende e como para usar todas estas informações em benefício do aluno.

Aquele aluno com dificuldades, que está desmotivado ou até mesmo os que tratamos como inclusão podemos ajudar através de estratégias diferentes em sala de aula. Me refiro aqui a inclusão não apenas como síndromes, mas aquele aluno com dislexia, falhas no processamento auditivo, limítrofes ou que apresente quaisquer dificuldades de aprendizagem.

Ensinar sem levar em conta como o cérebro aprende é descartar possibilidades de aprendizagem e desenvolvimento do aluno, é ser injusto.

Dentro dos muros escolar, estamos em uma escola do século passado. Enquanto fora da escola, ultrapassamos esta barreira e percebemos um outro mundo, um mundo em 3D, inteligência artificial, foguetes, satélites, comunicação modo on-line e até drones – aeronave comandada por controle remoto. Como podemos unir dois espaços tão diferentes?

O problema é que as pessoas, me refiro aos alunos, são as mesmas e participam destes dois mundos tão diferentes, causando desinteresse pela aula e gerando indisciplina, além de um desgaste tanto físico quanto psicológico do professor. Diante de um pandemia, a escola teve que se reiventar, professores que estavam acostumados com o chão da sala de aula, tiveram que aprender a planejar uma aula diante de um computador. Uma nova escola apareceu após a pandemia, do vírus COVID19, mas será que a tecnologia e aulas remotas garantiram maior aprendizagem?

E onde entra a Neurociência neste contexto? O conhecimento científico, antes restrito às universidades passa a chegar nas escolas e os resultados destas pesquisas e aplicações positivas começam a tomar forma e chegar ao professor.

É preciso conhecer as funções cerebrais, não apenas da área médica, pois, nós professores não temos esta pretensão, mas sim conhecer aspectos cerebrais que possam nos ajudar a compreender melhor como o aluno aprende e como transformar nossa aula realmente em aprendizagem significativa.

Não existe aprendizagem isolada, precisamos englobar todas as áreas.

O melhor laboratório é a sala de aula e também o mais recompensador. Só sabe o que é ser professor, quem um dia passou pela sala de aula e enxergou um ser humano que espera de você um mundo bem diferente.

Meu objetivo com este livro é proporcionar ao professor uma linguagem simples e de fácil aplicabilidade em sala de aula.

Ensinar é encantar e encantar é conhecer e ser capaz de aprender sempre. Tudo isto vale a pena e vamos juntos nesta jornada entre o cérebro, o corpo e a aprendizagem. Boa leitura!

Capítulo 1

Como nosso cérebro funciona?

A Neurociência é um caminho que une a Psicologia e a Pedagogia sob a ótica do desenvolvimento cerebral e o desenvolvimento do ser humano. Estudar como o cérebro funciona e aplicar em sala de aula trará bons resultados na aprendizagem dos alunos. Para isto é necessário compreender como o cérebro evoluiu junto com a evolução do homem.

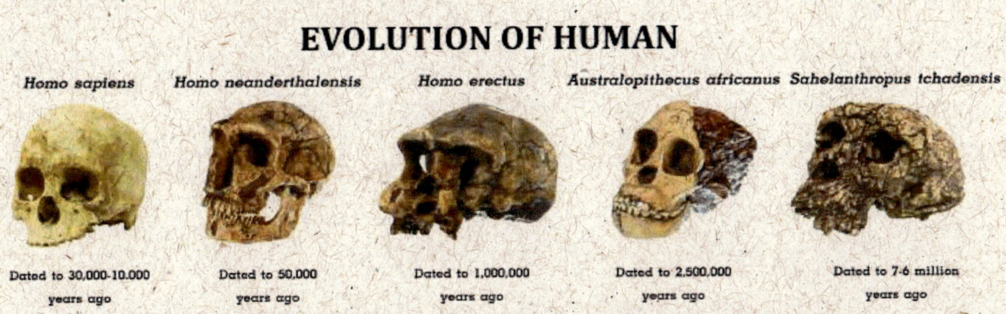

Nosso cérebro teve modificações ao longo da evolução da espécie humana. Na era da Pré-história o cérebro tinha como massa aproximadamente 400g, já o tamanho no *Homo habilis*, há 2 milhões de anos era de 750 gramas enquanto no *Homo erectus* houve uma transição para 1,2 kg.

Diante desta evolução craniana, as modificações e adaptações do ser humano para garantir sua sobrevivência são essenciais para o aprimoramento do desenvolvimento humano. Então, podemos chegar à conclusão que o cérebro está em constante modificação. O cérebro tem a responsabilidade principal de garantir a vida e é a único órgão que é capaz de tomar suas próprias decisões, pois é o centro das informações do corpo humano, apesar de não ser o maior órgão, pesa aproximadamente 1,3 kg, consome quase 25% de nossa energia.

Fonseca, 2012 retrata que o cérebro humano *"desenvolveu-se pela cooperação de muitos fatores, além do tamanho do corpo. De um lado, a evolução biológica, dependente dos genes, e por conseguinte inata, de onde emergem as características do tamanho do corpo, dos órgãos sensoriais, do desenvolvimento muscular, das libertações esqueléticas (...). Do outro lado, a evolução cultural, dependente do envolvimento, de onde emergem a postura bípede, a manipulação tecnológica, a caça, a linguagem e a organização social, que traduzem os comportamentos de aprender, onde, de fato, a motricidade e a Psicomotricidade assumem funções transcendentes."(p.21)*

Todas as descobertas e as pesquisas sobre o desenvolvimento cerebral tinham de ser realizadas após a morte ou em cirurgias, fato que trouxe muitas pesquisas sobre de como o cérebro aprendia, e que foi sendo modificado em vários sentidos. Hoje, é possível acompanhar as sinapses e as conexões cerebrais através de aparelhos bem sofisticados. E, o mais incrível, é analisar o cérebro em seu pleno funcionamento.

A grande diferença entre o ser humano e os outros animais é a capacidade da amplitude em seu desenvolvimento cerebral, de aprender a aprender.

Como o cérebro humano aumentou tanto em tamanho e massa, sendo que outros vertebrados sofreram poucas modificações ao longo na evolução?

Muitos pesquisadores respondem a esta questão ao fato da própria sobrevivência e a capacidade de desenvolver novas técnicas para tal. Passou da caça, da busca pelo alimento como nômade para o desenvolvimento da agricultura, da criação de animais e a descoberta do fogo, no qual já poderia cozinhar seu alimento e, assim, ocorreu uma modificação da própria arcada dentária e do crânio no decorrer dos milhões de anos. Não precisava mais comer o alimento cru e nem ir em busca da caça, agora tornava-se bípede.

Uma pergunta que todos sempre fazem como será nosso cérebro daqui algumas centenas de anos depois desta revolução tecnológica e digital?

Com as modificações culturais e a adaptação à própria sobrevivência o aumento do cérebro foi proporcional. Fato que mudanças cerebrais já estão acontecendo devido a forma como o ser humano faz alterações em seu próprio modo de viver.

O que nos diferencia de outras espécies é a capacidade de pensar e investigar sobre nossa própria existência, estudar a relação do cérebro com o comportamento humano e suas relações com o ambiente, além de outras investigações que são realizadas a cada dia e que desperta curiosidade no homem.

Partindo deste pressuposto, podemos levar em consideração que a aprendizagem e a modificação do cérebro após novas informações fazem com que nosso cérebro sofra alterações. Então, ao aprendermos um instrumento musical ou um idioma, um esporte ou até mesmo andar de bicicleta temos que ter a certeza que isto são fatos criados pelo homem e não inato da espécie.

Compreender como o cérebro aprende é sempre investigativo e necessário, principalmente quando nos referimos ao âmbito escolar.

É na escola, que nossas capacidades são "testadas" de forma que o pensamento, o planejamento e a execução de uma determinada tarefa é exigida. É muito claro que isto também acontece fora da escola, mas neste contexto é na escola que as dificuldades de aprendizagem em determinada área aparecem com mais nitidez.

Onde aprendemos a ler e a escrever? Na escola, e este aprendizado não é inato do ser humano, é cultural. Então, nosso cérebro é complexo e plástico, capaz de se adaptar e modificar pela aprendizagem ou até mesmo por uma lesão.

Muitos pesquisadores e especialistas fizeram descobertas significativas após uma lesão no cérebro de um paciente. Seja no aspecto físico, social ou na emoção. Pacientes com lesões no córtex pré-frontal, em determinadas áreas, podem ter comportamentos imprudentes e fora dos padrões culturais de uma determinada sociedade.

Em seu livro, Damasio (2012), relata uma relação entre a razão e a emoção após uma análise do acidente de o caso de Phineas Gage, 25 anos, que trabalhava numa estrada de ferro, por volta de 1840, profissional eficiente e muito habilidoso que durante a explosão de pólvora acaba sendo atingido por uma barra de ferro que atravessa seu crânio. O fato mais surpreendente é que Gage não sofre nenhuma lesão, aparente, apesar da barra de ferro estar atravessada em seu crânio, ele encontrava-se consciente, o que torna grandes especialistas e médicos em investigadores e questionadores do fato ocorrido. Sobreviveu ao acidente, capaz de falar e andar normalmente, algo surpreendente?

> *"Phineas Gage será dado como são em menos de dois meses. No entanto, esses resultados espantosos passam para segundo plano quando são comparados com a extraordinária modificação que a personalidade de Gage está prestes a sofrer. Sua disposição, seus gostos e aversões, seus sonhos e aspirações, tudo isso se irá modificar. O corpo de Gage pode estar vivo e são, mas tem um novo espírito a animá-lo."* (Damasio, p. 26, 2012)

Este fato, nos remete ao aspecto que nosso cérebro possui áreas responsáveis pela emoção e consciência, mais um ponto que nos diferencia de outras espécies: a consciência. A partir destes questionamentos, nosso cérebro é capaz de aprender fatos novos a cada dia e as informações vão sendo processadas e armazenadas dando passos para nossa memória e transformando-as em *arquivos*.

O QUE É O CÉREBRO E COMO ELE APRENDE?

O cérebro é químico, elétrico, emocional, social, investigativo, fisiológico e cultural. Cultural sim, pois seu funcionamento depende muito do ambiente em que estamos inseridos.

Uma criança de São Paulo, aos 3 anos, brinca diferente de uma no Amazonas ou no Japão. Portanto, em nosso país temos que ter múltiplos olhares para o cérebro e seu funcionamento.

É preciso manter a saúde do cérebro e quais cuidados temos de ter para manter nosso cérebro saudável? Uma boa alimentação, exercícios físicos e, principalmente, um repouso adequado.

Nosso cérebro também precisa descansar, precisamos dormir para que as informações que recebemos durante o dia possam ser fixadas em nossa memória e termos uma aprendizagem efetiva.

Em primeiro lugar é necessário compreender como as redes neurais são estabelecidas no momento da aprendizagem e como os estímulos chegam ao nosso cérebro para que sejam armazenadas e consolidadas.

É muito mais fácil aprender do que desaprender.

Me preocupa muito a quantidade de crianças que usam medicações, recebem laudos de forma exagerada e, muitas vezes, erroneamente são diagnosticadas com transtornos e síndromes que muitas vezes nem conhecemos.

Abro uma exceção às crianças que realmente possuem dificuldades e que diagnosticar e conhecer as limitações delas ajudam muito a buscar estratégias para a aprendizagem e uma adaptação curricular.

Atualmente, observamos crianças sendo encaminhadas para psicoterapias com o objetivo de terceirizar o papel da família e da escola. Isto compromete todo o desenvolvimento infantil e abre lacunas cerebrais que seriam importantes na fase adulta.

O CÉREBRO É ÓRGÃO CENTRAL DO PROCESSO DE INFORMAÇÕES E DA APRENDIZAGEM

Desde a concepção, o cérebro atua de forma intensa para fazer as conexões necessárias para o desenvolvimento do ser humano.

A fase da gestação até aproximadamente dois anos é onde acontece o maior número de sinapses e conexões cerebrais responsáveis pela aprendizagem, memória, motricidade, nossos sentidos: audição, visão, paladar, olfato e percepção tátil. Além de comandar todo o funcionamento do corpo, de seus respectivos sistemas e órgãos.

No livro, BrainFacts, A Primer On The Brain And Nervous System, uma cartilha sobre o cérebro e sistema nervoso, publicada pela Society for Neuroscience, em 2018, é descrito que o sistema nervoso maduro contém uma vasta gama de tipos de células, que podem ser divididas em duas categorias principais: os neurônios, responsáveis principalmente pela sinalização, e as células de suporte chamadas células da glia. Os pesquisadores estão descobrindo que a formação do tecido neural depende de vários fatores, incluindo a posição, que definem os sinais ambientais aos quais as células estão expostas.

Partindo desta análise, a ambiente interfere de forma acentuada no desenvolvimento do ser humano.

Segundo, Franco (2015), biólogo e especialista em Neurobiologia, o principal tipo celular do Sistema Nervoso é o neurônio, que apresenta uma grande diversidade quanto à forma e tamanho. E todos estes neurônios são especializados na codificação e no processamento de informações, apresentando quatro elementos estruturais básicos: dendritos, corpo celular, axônio e terminações sinápticas.

Na figura a seguir, podemos identificar estes quatro elementos e também partes importantes para que as informações sejam levadas de um neurônio a outro.

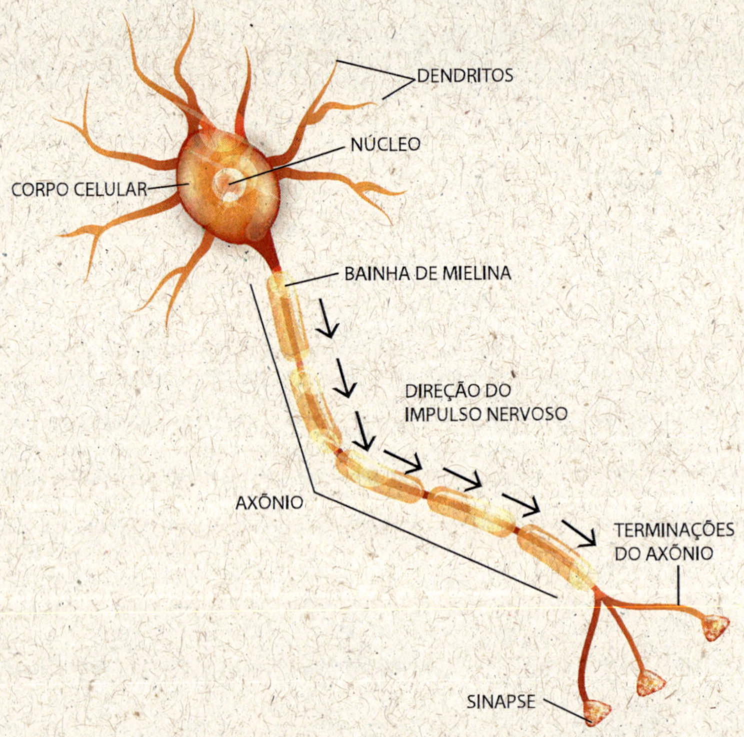

O neurônio é uma célula nervosa, ligada à diferentes nervos e faz conexões o tempo todo, ele é especializado em aprendizagem, decodificação e codificação da informação.

A sinapse é uma região especializada em troca de informações com outras células, como os músculos, glândulas e outros neurônios. A transmissão destas informações só acontece entre dentritos e axônio, mas nenhum neurônio tem contato com o outro, eles não se unem. A sinapse ocorre entre os neurônios, mas há um espaçamento entre ambos para a troca destas informações. Há os receptores e os condudores.

Para que esta transmissão de informações ocorre de forma saudável é necessário muitos aspectos, como sono regular, alimentação, oxigenação entre outros pontos que veremos mais adiante.

Uma criança com sinais de depressão, stress, emoções negativas como tristeza, solidão apresentará dificuldades nas conexões neuronais.

Se cada neurônio é capaz de fazer pelo menos mil sinapses, imagine dez bilhões de neurônios! É surpreendente a quantidade de sinapses que acontece em nosso cérebro. Pare por alguns segundos de ler esta página e olhe ao seu redor, observe o que rodeia a si mesmo, faça um pequeno giro e perceba os sons e os objetos que o rodeiam. Pronto, mais sinapses foram feitas para que você pudesse se atentar a uma percepção visual e auditiva, talvez até sentisse o cheiro de uma comida neste momento de sua leitura.

Cada neurônio se comunica com muitos outros e para que aconteça as sinapses é necessário que haja uma ação elétrica entre os neurotransmissores que ficam entre as terminações do axônio ou nas ramificações dos dentritos.

É no corpo celular que estão localizadas as informações genéticas em um grande núcleo e de onde partem os prolongamentos, como podemos observar na imagem.

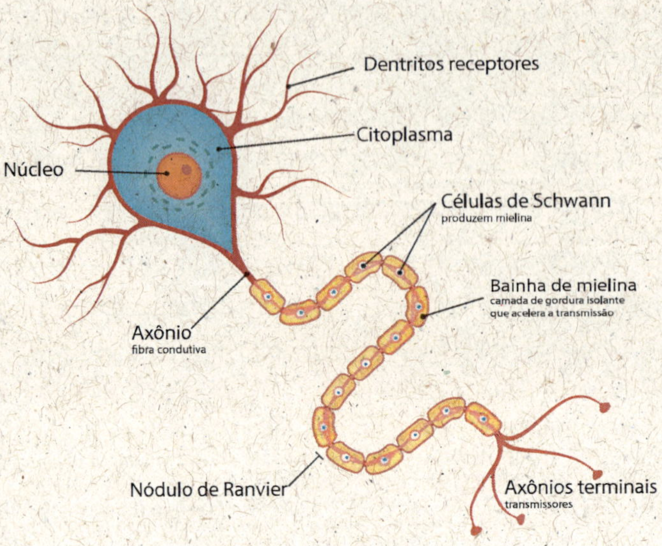

ESTRUTURA NEURAL

Todas as partes de um neurônio são extremamente importantes para que esta transmissão seja eficiente, quando há alguma falha em qualquer parte teremos danos cerebrais, seja em menor ou maior intensidade.

A Bainha de Mielina é como se fosse aquela capa protetora que reveste um fio de eletricidade. Ela não é contínua, pois apresenta intervalos regulares, denominados por Nódulos de Ranvier (figura a seguir).

Os nódulos de Ranvier interrompem a bainha de mielina em intervalos regulares. O potencial de ação é saltar de um nó para outro, de modo que a transmissão de impulsos nervosos seja mais rápida.

A mielina desempenha, entre outras funções, um trabalho de suporte e proteção de axônios. Em algumas doenças, os nódulos de Ranvier são os primeiros a serem afetados.

Ao revestir o axônio, a Bainha de Mielina favorece maior velocidade na condução dos impulsos elétricos.

Há pesquisas recentes que retratam que durante o processo de gestação, o cérebro fetal não possui ainda a Bainha de Mielina e, portanto, o desenvolvimento de um ser humano acontece de forma tão intensa e rápida, fato que não acontecerá novamente em nenhuma outra fase da vida.

Nosso cérebro possui as massas cinzenta e branca. Segundo a Dr. Jesnsen (2014), *"a substância cinzenta abriga a maioria das principais células responsáveis pelo pensamento, pela percepção, pelo movimento e pelo controle das funções corporais. Os neurônios também precisam ligar-se uns aos outros, bem como à medula espinhal, para que o cérebro controle o corpo, o comportamento, os pensamentos e as emoções. Eles enviam a maioria de suas ligações com outros neurônios por meio da substância branca do cérebro."*

É na substância cinzenta que se encontra a maior parte das células neurais, que fica na região do córtex e é formada por corpos celulares. Já a região mais interna do cérebro é constituída pelos axônios, o que lhes confere uma coloração mais clara devido a presença do estrato mielínico.

O cérebro amadurece de trás para frente, ou seja, do tronco encefálico para os lobos frontais que ocupam a parte mais anterior do cérebro, sendo responsáveis pelas funções executivas: o julgamento, o discernimento e o controle dos nossos impulsos.

O Sistema Nervoso é dividido em Periférico e Central.

O Sistema Nervoso Periférico (SNP) é composto por nervos e gânglios nervosos que conectam o Sistema Nervoso Central aos órgãos do corpo.

O Sistema Nervoso Central é composto pelo encéfalo e medula espinhal. O cérebro está dentro do encéfalo. Então, quando falamos de Neurociência, não podemos considerar apenas o cérebro, mas sim todos os componentes do Sistema Nervoso Central (SNC).

Mas é no cérebro que acontece toda nossa aprendizagem e nossas conexões com o corpo físico. Ele é protegido pelas meninges, uma camada protetora e se encontra dentro da caixa craniana.

O nosso cérebro, por natureza, é extremamente curioso. Tem interesse pelo desconhecido e o desejo do novo é muito grande. O que acontece, muitas vezes, dentro do ambiente escolar é que o cérebro pode se desinteressar por questões sociais, emocionais ou até fisiológicas.

Há uma região específica para cada sentido, mas não podemos também nos esquecer que muitas vezes uma depende da outra para o funcionamento adequado cerebral.

Na imagem podemos perceber onde cada sentido atua nas áreas cerebrais, portanto uma lesão em determinada área trará consequências, muitas vezes irreversíveis.

No aspecto anatômico e funcional cada lobo desempenha um papel específico, mas temos que levar em consideração em que algumas funções ocorrem também em outras partes do cérebro.

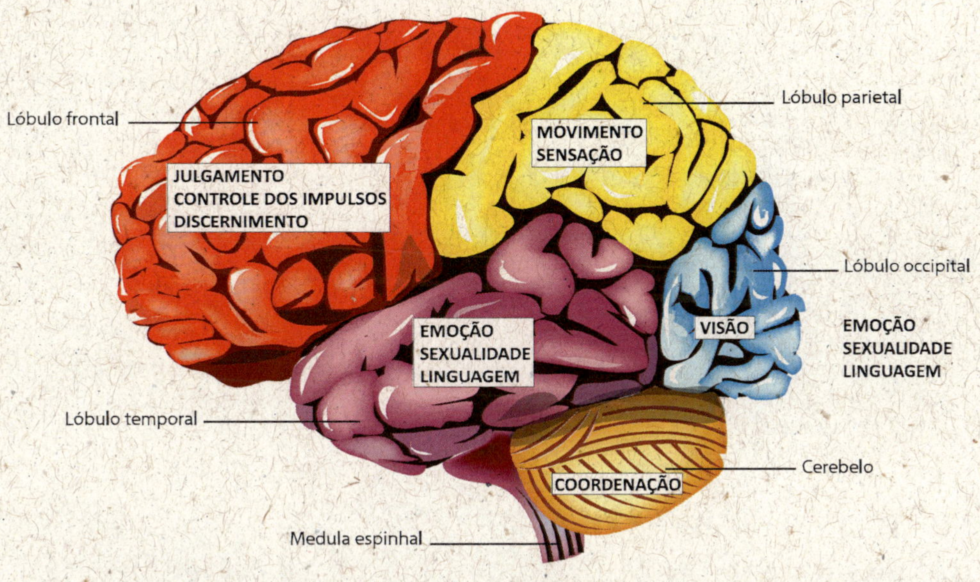

1. **Lobo Occipital:** conhecido por córtex visual, responsável pelo processamento das informações visuais como cor, movimento, profundidade, distância.
2. **Lobo Temporal:** responsável pela memória e percepção, permite a geração das lembranças, está mais relacionado a área auditiva, que permite o indivíduo reconhecer os sons e fazer associações.
3. **Lobo Parietal:** área responsável pelas sensações, principalmente pelo tato: dor, calor, frio, reconhecimento de objetos através do tato...
4. **Lobo Frontal:** responsável pelas Funções Executivas, que trataremos mais adiante. Há alguns pesquisadores que incluem mais um lobo, denominado como insula, que é o lobo mais profundo do cérebro.

Diante de muitos estudos, muitos problemas de aprendizagem não são detectados por exames clínicos ou de imagens, e sim por avaliações de especialistas como psicológico, psicopedagogos, fonoaudiólogos e neuropediatra, por exemplo. Uma equipe multidisciplinar é o ideal para fazer o diagnóstico correto das dificuldades de aprendizagem.

Ressalto que o papel do professor é de extrema importância, pois o olhar com a criança perante ao grupo e ao contexto escolar podem trazer informações significativas para um diagnóstico preciso.

Além de cada área específica, o cérebro é dividido em duas partes que constituem os hemisférios direito e esquerdo.

Segundo Franco, *in* Santos (2015), cada um dos hemisférios se especializou em funções diversas, mas o cérebro trabalha como um todo. Em geral, há circuitos dos dois lados trabalhando em conjunto, sendo parte dessa união entre os dois hemisférios promovida por fibras que constituem o corpo caloso.

O corpo caloso é responsável pela conexão dos dois hemisférios e apesar de atuarem juntos, vários estudos destacam as funções de cada metade. O lado direito é responsável pela entonação afetiva, pela música, arte, mais intuitivo e as informações não são verbalizadas. Enquanto o esquerdo desempenha o raciocínio lógico, a escrita, linguagem, simbologia; é mais analítico e racional, no qual será abordado nos próximos capítulos.

Capítulo 2

O cérebro do adolescente

Adolescência é sinônimo de problemas? Para muitos pais e professores sim e até mesmo para os próprios adolescentes.

Sempre é comum ouvirmos que a culpa é dos hormônios. Na verdade, os hormônios são responsáveis pelas mudanças no corpo. As mudanças comportamentais estão relacionadas com as modificações cerebrais que acontecem nesta fase com tanta intensidade quanto na fase da primeira infância.

Há mudanças significativas na comunicação dos neurônios. As alterações na dopamina são fatores fundamentais nesta modificação, sendo que a dopamina é a substância responsável pela sensação de prazer.

Uma reorganização sináptica acontece neste período, inclusive de uma nova imagem corporal, afinal as mudanças físicas são evidentes, o que pode tornar o jovem em dois momentos: o de esconder o corpo ou de evidenciar algumas partes, principalmente nas meninas, que passam a usar roupas mais justas.

Niederauer, em seu artigo publicado pela Revista Acadêmica Licencia&acturas, publicado em 2014, cita o autor Herculano-

-Houzel (2005) que afirma que nesta fase "com a diminuição da substância cinzenta e o aumento da substância branca, a reorganização tem consequências em diferentes regiões encefálicas, entre elas regiões responsáveis pela linguagem, memória operacional, capacidade de seleção, inibição de comportamento e a supressão de respostas automáticas."

O Sistema de Recompensa atua fortemente nesta fase, o jovem necessita de desafios e a busca pelo prazer, por este motivo, ele é tão suscetível a consumir álcool ou substância químicas, que eleva o nível de dopamina, porém neste caso, o nível cai rapidamente. Assim, leva o jovem a consumir novamente essas substâncias. Esses picos de dopamina fazem com que o jovem busque novidades e sensação de prazer.

Jensen (2016) relata em sua obra que os hormônios sexuais atuam no sistema límbico, que é o centro emocional do cérebro. "Embora os hormônios possam explicar parte do que acontece, há muito mais em jogo no cérebro do adolescente, no qual há novas conexões sendo construídas entre áreas cerebrais, bem como um fluxo de substâncias químicas, especialmente os neurotransmissores."

Nesta fase, os neurônios são mais ativos e o cérebro possui uma ampla plasticidade, o que desencadeia tantos problemas comportamentais e também a busca por novas sensações.

A cognição social age com maior intensidade e está muito relacionada à várias áreas cerebrais, como a amígdala, lobo frontal, núcleo acumbente, cingulado anterior e o sulco temporal., como abordado no artigo de Niederauer (2014).

Outro fator é que a Bainha de Mielina também está sendo alterada e um cérebro sem a total mielinização, que controla a inibição há um impulsionamento nos riscos que o adolescente se submete.

O sistema límbico envolve não apenas as emoções mais intensas, mas o social também é fator preocupante para os pais e educadores.

Quem já teve um filho adolescente ou lembra-se desta fase, pode confirmar o quanto os amigos da mesma faixa etária exercem muita influência na conduta do jovem.

A tomada de decisão vai do zero ao quinhentos em milésimos de segundos, vai da tristeza profunda ao maior grau de excitação em uma festa com os amigos.

O córtex pré-frontal estará totalmente amadurecido por volta dos 25 anos, então aos 18, o jovem está no auge deste processo. Engana-se acreditar que nesta idade, este jovem está pleno de suas ações e de suas consequências, por mais que saiba dos riscos ao consumir substância químicas ou vícios do álcool ou fumo.

Quando trato de vícios, ressalto também o excesso da tecnologia digital, que traz a mesma sensação de prazer ao ter inúmeros compartilhamentos ou curtidas nas redes sociais.

Há uma compulsão pelo uso exagerado na tecnologia, o fato de receber uma mensagem traz a mesma sensação do uso de substância químicas, sensação de prazer, liberando a dopamina.

Os cuidados com o cérebro do adolescente devem permear um olhar atento ao meio social em que convive. Como já é sabido, o meio em que o homem está inserido modifica suas ações e também interfere em seu comportamento, mas em nenhum outro momento da vida o meio social tem tanta importância quanto a adolescência.

Herculano-Houzel (2013), abordam que "pesquisas recentes mostram que o cérebro adolescente sofre uma reorganização química, de fato – na quantidade de neurotransmissores disponíveis para levar mensagens de um neurônio para outro, na resposta a hormônios sexuais, e até na capacidade de produção de outros hormônios. Mas, muito além dessas mudanças químicas, o cérebro adolescente passa por uma grande reorganização estrutural, que afeta não o número de neurônios, mas sim a sua capacidade de trocar sinais entre eles."

Acreditar que o comportamento e suas atitudes fazem apenas parte de uma "falta de educação", é fundamental que pais e educadores repensem que a questão neuronal influenciará suas atitudes.

Outro ponto é o Sistema de Recompensa no adolescente que invade as comunicações entre os neurotransmissores, fazendo que a velocidade entre as sinapses aumente e também a busca por desafios.

Podem aparecer sinais depressivos ou excitatório, através de uma alta dose de neuroplasticidade. É claro que os hormônios têm influência na mudança de corpo, as meninas podem achar que são feias ou que estão acima do peso e que desencadeia um grau alto de comparação entre as outras meninas da mesma faixa etária.

Em alguns casos, pode fazer parte desta fase o isolamento social e este mesmo adolescente que ora está rindo numa festa com os amigos, ora fica trancado num quarto fechado e escuro.

Já presenciei fatos em que o adolescente se "esconde" dentro da própria roupa do uniforme, principalmente os meninos. Muitas vezes, a temperatura alta não impede que ele esteja agasalhado e com o gorro. Mas por que isto acontece também nos meninos?

Um momento de aceitação do social predomina muito mais do que as conversar com os pais. Há uma hipersensibilidade e vulnerabilidade exagerada.

Segundo muitos neurocientistas foi comprovado que os adolescentes têm maior capacidade de aprendizado do que o adulto, incluindo maior plasticidade sináptica.

Os adolescentes se consideram adultos e que são capazes de agir sozinhos, inclusive quando os pais os culpam pelos erros, salvo que não é desculpa do cérebro apenas para os erros e riscos que o adolescente corre.

Portanto, são anos importantes para que os pais e educadores estejam presentes da vida do adolescente, mesmo que este não aceite, é uma necessidade. As mudanças físicas, sociais, cognitivas e cerebrais são muitas.

Capítulo 3

Atenção para atenção

> *" As crianças devem aprender a prestar atenção à própria atenção." (Daniel Goleman)*

"Preste atenção, menino!" Quem nunca ouviu ou falou esta frase dentro do ambiente escolar ou familiar?

O quanto nossas crianças ouviram esta famosa frase e quantos puderam superar a falta de atenção ou uma pequena distração?

Será que você leitor nunca errou o caminho de casa ou esqueceu onde colocou as chaves?

Por que muitas crianças atualmente estão tão distraídas? Como esta geração mantém sua atenção?

Atenção refere-se a uma habilidade de controlar suas atividades mantendo seu foco numa determinada ação, movimento ou tarefa independente dos aspectos externos ou internos.

Aspectos internos favorecem também uma distração, como fome, sono, frio ou calor influenciam diretamente no foco atencional. Manter a atenção no filme, independente de estar com fome é controlável em muitos momentos, porém na criança manter-se atenta é uma tarefa mais difícil, imagine com sono.

Para manter a atenção é preciso selecionar o que é mais importante dentre dos estímulos externos, por exemplo, continuar mantendo a atenção e a concentração na leitura independente dos ruídos dos automóveis ou de uma música alta da casa ao lado.

Segundo Luria (1979), "a intensidade ou força dos estímulos externos pode causar oscilações do 65 nível de atenção, com dominância do mais forte. O novo, a novidade do estímulo atrai a atenção. A direção da atenção é determinada pelo estímulo e a intensidade desses estímulos afeta a aprendizagem."

Crianças e jovens com déficit de atenção precisam ter um novo olhar para os aspectos escolares, pois é neste ambiente em que é exigido um maior tempo de foco atencional e de forma mais tranquila, ou seja, o aluno deve permanecer sentado e atento por um número grande de horas, o que dificulta ainda mais a seleção do foco atencional. A dificuldade de manter a atenção é grande, pois os estímulos externos também são maiores na escola, barulhos pelos corredores, a aula de Educação Física na quadra ao lado da sala de aula, crianças brincando no intervalo, além dos fatores internos.

Em uma pesquisa que realizei, 70% das crianças e jovens vão para a escola, no período matutino, sem se alimentar, sendo que entram para a sala de aula por volta das 7h e o intervalo acontece por volta das 9h, o que acarreta outros problemas. A falta de alimento no organismo e este jejum prolongado afeta diretamente a atenção na escola.

Os adolescentes, pelo fato de dormirem tarde, chegam à escola com muito sono, e o cérebro só irá despertar totalmente após uma alimentação adequada. Como fica a aula? Por que muitos professores queixam-se que ministraram aulas incríveis e os alunos estão desatentos?

Podemos destacar três tipos de atenção:

a) **focalizada e seletiva:** é caracterizada pela concentração do cérebro em apenas uma atividade, sem a percepção dos estímulos externos. Por exemplo: na escola o aluno mantém a atenção somente no professor para compreender o conteúdo sem deixar que fatores externos como: colegas falando, barulhos nos corredores interfiram neste momento. Nunca temos 100% da nossa atenção focada, o cérebro está atento também por questões de segurança. Se você estiver lendo um livro e alguém te chamar, automaticamente seu corpo se movimentará para a direção da pessoa que o chamou.

b) **sustentada:** é caracterizada pela concentração por um tempo maior numa determinada atividade contínua e repetitiva, por exemplo: assistir a um documentário, ou manter-se concentrado em uma determinada leitura por um tempo maior.

c) **alternada:** é caracterizada pelo fato do cérebro manter sua atenção em outros estímulos. Por exemplo, você lê um livro, mas ao mesmo tempo está atento ao ponto que irá descer do ônibus.

MOTIVAÇÃO É UM DOS FATORES PRINCIPAIS PARA FACILITAR A ATENÇÃO

Para facilitar nosso dia a dia é essencial que:

- possamos manter a atenção intencional dirigida a uma atividade específica;
- sustentar a atenção ao longo das atividades contínuas por um longo período de tempo na própria ação ou na preparação do raciocínio;
- dividir a atenção entre fatores de distração;
- ignorar interferências de estímulos irrelevantes;

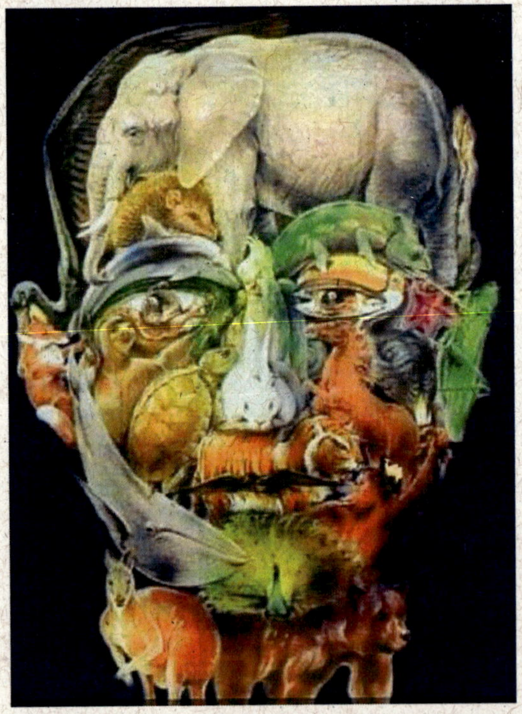

Os mecanismos atencionais atuam de modo dinâmico, selecionando os estímulos que chegam pelas diferentes vias sensoriais, organizando em processos mentais.

Vamos fazer um teste de percepção visual e de atenção. Na imagem a seguir, você deverá encontrar onde está o camelo. Não vale olhar a resposta antes. Anote o tempo que você demorou para encontrar.

Imagem disponível em: https://www.stalkram.net/tag/preservarafauna Acesso em: 03/07/2019

Conseguiu encontrar? Como você se sentiu? Teve motivação para encontrar o objetivo proposto? Não quis ir direto para a resposta?

Esta brincadeira fez com que você mantivesse sua atenção aos estímulos externos motivados por um sistema de recompensa, não material, mas sim da vontade de conseguir de forma autônoma.

É assim que devemos deixar nossos alunos, manter a atenção e a motivação são fatores necessários dentro da sala de aula.

Agora, está curioso para saber a resposta: encontre o cavalo do lado direito e no centro da imagem, o camelo está nas patas traseiras do cavalo. Encontrou?

Dias e Mecca (2015), retratam que "o direcionamento da atenção prioriza o processamento de informação pelo sistema nervoso central que, por conta disso, permite que percebamos detalhes com maior acurácia, que processemos estímulos sensoriais ou possamos emitir respostas motoras com maior velocidade, e que armazenemos informações na memória com maior eficiência."

2.1 TRANSTORNO DE DÉFICIT DE ATENÇÃO E HIPERATIVIDADE – TDAH

Segundo Smith e Strick (2001), "embora os prejuízos neurológicos possam afetar qualquer área do funcionamento cerebral, as deficiências que mais tendem a causar problemas acadêmicos são aquelas que afetam a percepção visual, o processamento da linguagem, as habilidades motoras finas e a capacidade para focalizar a atenção."

As dificuldades de aprendizagem e/ou problemas neurológicos afetam a capacidade do cérebro para entender, recordar ou comunicar informações. Isto aparece com muita nitidez dentro do ambiente escolar, muitas vezes desapercebidas em casa, com a família.

É com muita frequência que ouço relatos das famílias inconformadas com a dificuldade escolar, pois dizem que em casa a criança joga videogame com facilidade ou executa uma tarefa com destreza.

Um dos fatores que influencia é o fator genético. A família, muitas vezes, associa, que em casa alguém também demonstra tais características. Outro fator importante é o ambiental, saúde, irregularidade no sono, alimentação inadequada, família numerosa, falta de estímulos na família podem causar dificuldades na aprendizagem.

Muitos pesquisadores já relatam que a falta de comunicação, afetividade e estímulos dentro do ambiente familiar acarretam prejuízos na aprendizagem, especificamente nas Funções Executivas.

Existem alguns sintomas que podem ser levados em consideração durante uma avaliação de suspeita de TDA. Para o diagnóstico é fundamental que a criança apresente pelo menos seis destes sintomas e precisam ocorrer em vários ambientes como em casa e na escola, e também, é necessária uma avaliação cuidadosa de cada sintoma, e não somente a listagem de sintomas.

Está disponível na Associação Brasileira de Déficit de Atenção (www.tdah.org.br) em questionário denominado SNAP-IV que foi construído a partir dos sintomas do Manual de Diagnóstico e Estatística – IV Edição (DSM-IV) da Associação Americana de Psiquiátrica.

Afirmo que o questionário não dará o diagnóstico correto, por isso é importante uma avaliação com outros especialistas.

Para cada item, escolha a coluna que melhor descreve o (a) aluno (a) (MARQUE UM X):

	Nem um pouco	Só um pouco	Bastante	Demais
1. Não consegue prestar muita atenção à detalhes ou comete erros por descuido nos trabalhos da escola ou tarefas.				
2.Tem dificuldade de manter a atenção em tarefas ou atividades de lazer.				
3. Parece não estar ouvindo quando se fala diretamente com ele.				
4. Não segue instruções até o fim e não termina deveres de escola, tarefas ou obrigações.				
5. Tem dificuldade para organizar tarefas e atividades.				
6. Evita, não gosta ou se envolve contra a vontade em tarefas que exigem esforço mental prolongado.				
7. Perde coisas necessárias para atividades (p. ex: brinquedos, deveres da escola, lápis ou livros).				
8. Distrai-se com estímulos externos.				
9. É esquecido em atividades do dia a dia.				
10. Mexe com as mãos ou os pés ou se remexe na cadeira.				
11. Sai do lugar na sala de aula ou em outras situações em que se espera que fique sentado.				
12. Corre de um lado para outro ou sobe demais nas coisas em situações em que isto é inapropriado.				

13. Tem dificuldade em brincar ou envolver-se em atividades de lazer de forma calma.				
14. Não para ou frequentemente está a "mil por hora".				
15. Fala em excesso.				
16. Responde às perguntas de forma precipitada antes delas terem sido terminadas.				
17. Tem dificuldade de esperar sua vez				
18. Interrompe os outros ou se intromete (p.ex. mete-se nas conversas / jogos).				

Versão em Português validada por Mattos P et al, 2005

Segundo a Associação Brasileira de Déficit de Atenção, a avaliação deve ser feita da seguinte forma:

1) se existem pelo menos 6 itens marcados como "BASTANTE" ou "DEMAIS" de 1 a 9 = existem mais sintomas de desatenção que o esperado numa criança ou adolescente.

2) se existem pelo menos 6 itens marcados como "BASTANTE" ou "DEMAIS" de 10 a 18 = existem mais sintomas de hiperatividade e impulsividade que o esperado numa criança ou adolescente.

O questionário SNAP-IV é útil para avaliar apenas o primeiro dos critérios (critério A) para se fazer o diagnóstico. Existem outros critérios que também são necessários.

IMPORTANTE: Não se pode fazer o diagnóstico de TDAH apenas com o critério A! Veja abaixo os demais critérios.

- CRITÉRIO A: Sintomas (vistos acima)

- CRITÉRIO B: Alguns desses sintomas devem estar presentes antes dos 7 anos de idade.
- CRITÉRIO C: Existem problemas causados pelos sintomas acima em pelo menos 2 contextos diferentes (por ex., na escola, no trabalho, na vida social e em casa).
- CRITÉRIO D: Há problemas evidentes na vida escolar, social ou familiar por conta dos sintomas.
- CRITÉRIO E: Se existe um outro problema (tal como depressão, deficiência mental, psicose, etc.), os sintomas não podem ser atribuídos exclusivamente a ele.

O diagnóstico envolve não só a desatenção, mas também a impulsividade e a hiperatividade, que tem relação direta com o córtex pré-frontal e frontal.

Em sua tese de doutorado, apresentada em 2016, Vitória, ES, Jane Tagarro Corrêa Ferreira, realizou um teste com 70 crianças e adolescentes de escolas públicas e privadas.) com TDAH em uma bateria neuropsicológica para avaliar o nível intelectual, desempenho escolar, e, sobretudo as funções frontais.

Este estudo investigou o efeito do tratamento por doze meses do metilfenidato (MFD), uma medicação que possui uma ação estimulante do sistema nervoso central e é habitualmente usado no tratamento medicamentoso do transtorno do déficit de atenção e hiperatividade (TDAH). Como resultado deste estudo, o uso do medicamento apresentou melhoras em vários aspectos como memória de curto e longo prazo e memória operacional. Apesar da melhora significativa houve alguns efeitos colaterais do tratamento com o metilfenidato mais frequentes neste estudo que foram diminuição do apetite (com perda ponderal), cefaleia e dor abdominal.

O receio do uso da medicação e sua dependência causa muita insegurança às famílias. E, confesso que tenho visto um exagero em medicalizar as crianças.

Diante da minha experiência, já presenciei melhoras significativas em crianças que fazem uso desta medicação como também já vi pontos negativos, principalmente uma apatia e alunos utilizando do remédio como uma "desculpa" para não se comprometer e culpando o diagnóstico de TDAH para seus fracassos escolares.

A angústia da família diante de uma suspeita ou de um diagnóstico de TDAH, chega às clínicas buscando uma solução imediata. Em contrapartida, a escola indaga que "aquele aluno", vive no mundo da Lua, não se concentra ou não para quieto. Como resolver? Tem cura? É uma doença?

Este transtorno tem levantado muita polêmica entre estudiosos e até professores, será que é um transtorno da vida moderna? Levanto esta questão para o diagnóstico errado e, que muitas vezes, um olhar diferenciado e um planejamento efetivo e significativo dentro da escola e com estímulos adequados da família a suspeita pode ser descartada.

Muitos neuropsicólogos acreditam que estimular adequadamente a criança ou adolescente para que possam realizar ações independentes e eficientes podem trazer muitas mudanças sem o uso da medicação. E medicação sem estímulo também não funciona.

Portanto, quando há um diagnóstico correto e se confirma o TDAH, temos de ter consciência dos prejuízos para esta criança no sistema executivo central, um atraso no processo de maturação desse sistema como: iniciativa, memória de trabalho, planejamento, organização, persistência, controle de impulsos, flexibilidade mental e monitoramento caso não haja um tratamento eficaz.

Falhas nestas funções neurais poderão trazer para a criança ou adolescente dificuldades em iniciar uma ação, terá diminuição da motivação, defeitos de planejamento e de manutenção da sequência de atividades necessárias a realização da meta. Todas essas funções estão relacionadas com o circuito do córtex pré-frontal. O tratamento proposto é o da reabilitação das funções cognitivas prejudicadas.

A maior queixa é que a criança distrai-se com facilidade, perde rapidamente o interesse por novas atividades, pode saltar de uma atividade para outra e, frequentemente, deixa tarefas inacabadas.

Aqui relato não como fazer o diagnóstico de um TDAH, pois é necessária uma avaliação adequada por especialistas, mas trago sugestões de atividades que possam estimular conexões neurais e favorecer o foco atencional.

É preciso trazer para dentro da escola a ludicidade e as brincadeiras para que possam auxiliar não só as crianças que possuem TDAH, mas sim todos os alunos que possuem dificuldade de aprendizagem. Veremos mais adiante como o lúdico poderá ajudar neste processo.

Infelizmente, tenho visto o professor muito desamparado perante ao aluno com dificuldade, tanto por especialistas, quanto pela família e pela própria escola. Tudo tem que ser resolvido dentro da sala de aula e isto é sabido que não é possível. O professor não é o super-herói que salvará o mundo. Ele é de extrema importância, mas é preciso ter um caminho, uma direção.

Às vezes, percebo o professor numa tentativa incansável com aquele aluno que não acompanha a turma, modifica atividades, acolhe, faz atividades extras e nem sempre isto tudo funciona. Soma-se a isto uma nova geração, como dito anteriormente, desmotivada, indisciplinada e que deve cumprir a qualquer custo o conteúdo programático.

Segundo alguns dados, uma em cada cinco crianças possuem dificuldades de aprendizagem, diagnosticadas ou não.

E, agora? Você, professor deve estar se questionando. É um número muito alto e, em nosso país, o número de alunos que concluem o Ensino Fundamental sem ler e interpretar fluentemente também é assustador.

É preciso estudar e compreender como a Neurociência pode ajudar em sala de aula. Não quero trazer soluções mágicas, mas estratégias que possam favorecer uma aula mais dinâmica e interessante para os alunos e, como consequência, uma aprendizagem significativa.

Dicas para os professores no contexto escolar

1. Colocar dentro da sala de aula imagens ou cartazes destacando palavras chaves do conteúdo.

2. Intercalar atividades que demandam muito tempo de concentração com atividades mais atrativas, por exemplo, uma música ou um vídeo que esteja contextualizado com o conteúdo.
3. Solicitar aos alunos que anotem fatos das explicações, pois o movimento físico também favorece a manutenção e seleção das informações recebidas.
4. Destacar pontos do conteúdo com cores diferentes, sublinhar, grifar, pintar palavras favorece uma percepção visual mais eficiente.

O Transtorno de Déficit de Atenção e Hiperatividade já é considerada uma condição clínica como consta no DSM-5 (Manual de Diagnóstico e Estatístico dos Transtornos Mentais, 2014).

Segundo descrito neste manual: *"os déficits de desenvolvimento variam desde limitações muito específicas na aprendizagem ou no controle de funções executivas até prejuízos globais em habilidades sociais ou inteligência. É frequente a ocorrência de mais de um transtorno do neurodesenvolvimento; por exemplo, indivíduos com transtorno do espectro autista frequentemente apresentam deficiência intelectual (transtorno do desenvolvimento intelectual), e muitas crianças com transtorno de déficit de atenção/hiperatividade (TDAH) apresentam também um transtorno específico da aprendizagem."*

Diante deste pressuposto, é necessário uma avaliação com uma equipe multidisciplinar para que possa fazer o diagnóstico correto na criança e no adolescente, salvo a importância de um diagnóstico precoce, pois quanto mais tardio, maiores são os prejuízos.

Capítulo 4

Memória

Um dos aspectos mais exigidos dentro do ambiente escolar é a memória. Aos alunos são exigidos que memorizem fatos, conceitos, fórmulas e são avaliados através de uma prova escrita que mensura os melhores alunos que possuem este requisito bem desenvolvido.

Escrever em uma avaliação conceitos exatamente como estão no livro didático determina que o aluno teve um bom resultado na aprendizagem? Isto é sabido por todos que não é verdade, mas mesmo assim ainda é cobrado pela escola.

Imagine uma sala de aula em que os alunos são ouvintes, esperam uma autorização para falar e o professor um mero detentor do saber que despeja os conceitos e informações. Imaginou? Talvez você esteja questionando se esta escola ainda existe em pleno século XXI? Parece aquela escola que os alunos sentam-se um atrás do outro e não partilham suas experiências como no século passado.

Esta escola ainda existe?

Com certeza, você consegue perceber diferenças entre esta imagem e a escola atual, mas também percebe muitas semelhanças: alunos sentados um atrás do outro, realizando tarefas em silêncio e com livro didático aberto.

Há muitos estudos que retratam uma escola que perceba as individualidades dos alunos, uma escola mais participativa e inclusiva, mas ainda estamos longe de quebrar os paradigmas da escola antiga.

Nossos alunos mudaram, não são mais os mesmos de cinco ou dez anos atrás, nasceram na era da tecnologia e da informação rápida na palma da mão. E, nós professores ensinamos com lousa e giz. Uma distância imensa entre a realidade escolar e a realidade da sociedade. Numa mudança escolar, enfrentada em 2020, por causa da pandemia, as escolas foram obrigadas a adaptarem sua forma de ensinar. Aulas síncronas e assíncronas passaram a fazer parte do dia a dia dos estudantes. Mas até que ponto este será um "novo normal"? Será que aulas remotas garantem aprendizagem?

É sabido que nosso cérebro precisa da interação para se desenvolver, é através das relações com o outro que aprendemos.

Percebo que esta geração não sabe mais brincar, correr, dialogar, manipular um simples objeto ou ocupar corretamente a linha de um caderno.

E como tratar de um assunto bem polêmico dentro da escola: a memorização. Como funciona nossa memória?

Segundo Rodrigues e Lima (in Mecca e Dias, 2015), a memória "é a função neuropsicológica que permite o indivíduo organizar, manipular e compreender as informações, associando o contexto às experiências individuais *prévias.*"

A memória é necessária para reter as informações no qual nossas experiências são arquivadas e recuperadas. É uma função cerebral superior relacionada ao processo de retenção de informações obtidas em experiências vividas.

Segundo seu significado etimológico memória "é a faculdade de conservar e lembrar estados de consciência passados e tudo quanto se ache associado aos mesmos".

A memória favorece as nossas lembranças e também nossas experiências, ela envolve a aprendizagem, pois ela favorece a retenção daqueles conhecimentos aprendidos.

Imagine o quanto você precisa estar atento para lembrar o nome de alguém ou um número de telefone. Atualmente há tantas facilidades eletrônicas, como agenda no celular que armazena datas de aniversário, telefones e até nos lembra de nossos compromissos.

Nossas memórias são importantes até para lembrar do sabor de um alimento, se ela é treinada se desenvolve, mas se não for trabalhada ela atrofia, perde capacidades importantes para reter informações.

Uma memória tátil e motora é usada por exemplo pelos esportistas, um jogador de futebol consegue recuperar uma informação numa jogada, ele consegue lembrar do que treinou e agir no momento do jogo, mesmo que muitas vezes sua ação seja mais rápida do que o pensamento. A memória também faz parte das experiências que adquirimos ao longo da vida e através destas experiências teremos mais repertório que nos dará subsídios para novas experiências.

Utilizamos uma memória visual ao lembrar de uma peça de roupa que usamos em determinada ocasião e a olfativa quando associamos um fato ao um aroma ou um perfume.

Há outros tipos de memória como a musical. Quem nunca lembrou de um lugar ou de alguém ao ouvir uma determinada música?

Em contato com vários professores de música, no qual me relataram que as crianças estão apresentando dificuldades em aprender um instrumento por falta de repertório musical. Conhecem poucas músicas de diferentes gêneros e esta falta de memória auditiva acarreta em avanços pequenos na instrumentalização e uma exigência maior neste aprendizado.

Porém, na escola é utilizado apenas um tipo de memória: a de retenção de informação, principalmente pela memória auditiva, mas não a musical como citada.

A aula expositiva requer do aluno uma capacidade de atenção e memorização que, na maioria das vezes, está além do esperado para a faixa etária.

A medida que o sistema nervoso vai amadurecendo a capacidade de reter informações e manter-se atento fazendo a seleção do que é mais importante também vai aumentando. A escola exige de forma demasiada as funções da memória e da atenção por um longo espaço de tempo, numa geração que tem tudo muito pronto e rápido, a informação está nas palmas das mãos, a aula torna-se cansativa e desmotivadora.

A memória é armazenada unicamente no hipocampo, dentro do sistema límbico, que ajuda a solidificar o padrão de conexões que formam uma memória.

Em poucos dias, quando a memória se transforma em longo prazo é armazenada e consolidada no lobo temporal que contém o neocórtex temporal, no córtex parietal posterior.

A memória está muito ligada também a emoção: pode ser de dor ou sofrimento, medo ou de alegria e euforia.

A memória pode ser dividida em categorias:

a) ***Memória de curto prazo/ operacional***. Ela é limitada e nela armazenamos temporariamente as informações por alguns segundos. São informações que não é necessário armazená-las após o fato. Esta forma de memória é sustentada pela atividade elétrica de neurônios do córtex pré-frontal (a área do lobo frontal anterior ao córtex motor). A memória operacional é a capacidade de manter e manipular as informações por um período breve de tempo, por exemplo, onde você estacionou o carro ou onde colocou a bolsa na casa de alguém.

b) ***Memória de longo prazo***. É a capacidade de aquisição, armazenamento e evocação da informação de fatos recentes ou passados. A memória de longo prazo pode ser tardia, após 30 minutos, horas, semanas ou anos ou imediata, uma informação que recebeu em poucos minutos.

A memória a longo prazo é composta de memória implícita ou explícita (declarativa).

- Memória implícita é aquela que não precisa ser verbalizada, refere-se aos atos motores, por exemplo: dirigir um carro, andar de bicicleta, pode ser denominada também como não declarativa. Você sabe como fazer, mas terá dificuldades em explicar de forma verbal, só se aprende fazendo.

- Memória explícita ou declarativa que pode ser subdividida em:

  - Memória semântica que abrange a memória do significado das palavras, os nomes das letras, das cores, saber qual é o ciclo da água, as características entre os mamíferos, o que é um peixe, quais os estados físicos da água... Na escola são exigidos estes aspectos com muita intensidade.
  - Na memória episódica podemos relacionar um medo de infância que persiste na vida adulta, envolve datas e fatos pessoais, contar sobre seu aniversário, sobre sua experiência numa festa, envolve pontos pessoais.

No organograma a seguir, destacamos os tipos de memória, porém elas estão interligadas entre si e para uma aprendizagem eficiente devem estar "funcionando" de forma integrada.

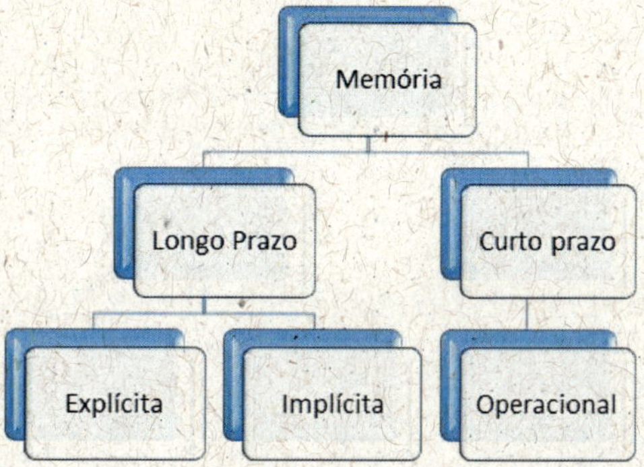

Para se registrar uma informação são necessários aspectos importantes como: atenção, repetições e a construção de uma rede de associações interagindo com as informações recebidas previamente.

Quando você se recorda do formato de uma bola, do primeiro beijo ou como amarrar o tênis, estamos na memória de longo prazo. Através de experiências passadas ampliamos uma tarefa sem que haja consciência das experiências anteriores ou quando ainda acontecerá, por exemplo, lembrar de uma consulta médica.

Como acontece a memória em nosso cérebro?

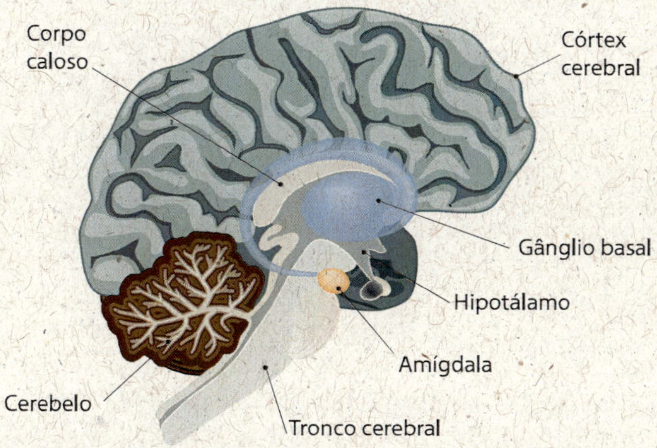

Segundo Santos, Andrade & Bueno (2015), o hipocampo é essencial para o processo de consolidação da memória. Lesões nesta área impedem que novas informações sejam aprendidas e armazenadas. "A amígdala é formada por um conjunto de núcleos localizados internamente ao lobo temporal e anteriormente ao hipocampo, recebendo aferências sensoriais indiretas, oriundas do córtex cerebral, do diencéfalo e do tronco encefálico, as quais trazem informações sensoriais, entre outras. As aferências recebidas, via tálamo, são responsáveis pela gênese de respostas rápidas e primitivas, enquanto aquelas vindas do córtex pré-frontal estão relacionadas ás respostas mais lentas e sujeitas a intervenção consciente..."

A amígdala desempenha importantes papéis no controle emocional, principalmente nas respostas de ansiedade e medo. É o local onde memórias relacionadas ao medo são armazenadas e comportamentos são disparados para serem executados.

Capítulo 5

Memória, aprendizagem e neuroplasticidade

Antigamente, acreditava-se que apenas aprendíamos na infância e parte da idade adulta, hoje, após muitos estudos lemos e ouvimos muito o termo plasticidade cerebral, no qual constata-se que aprendemos durante toda nossa existência.

Plasticidade é a capacidade do organismo em adaptar-se às mudanças ambientais externas e internas, graças à ação sinérgica de diferentes órgãos, coordenados pelo sistema nervoso central (SNC).

Paul Bach-y-Rita, neurocientista americano foi um dos primeiros a estudar seriamente a ideia de neuroplasticidade e introduzir a substituição sensorial como uma ferramenta para tratar pacientes que sofrem de distúrbios neurológicos. Ele descobriu que o sistema nervoso pode se adaptar através de várias experiências.

Esta descoberta retrata a plasticidade cerebral no sentido que ele pode readaptar-se a uma lesão, buscando outros mecanismos para aprender.

Diante disto, podemos afirmar então que todo cérebro aprende.

Para fortalecer os músculos, pessoas se exercitam e procuram realizar diferentes exercícios físicos. Quem já praticou exercícios e depois fica alguns meses sem realizar determinados movimentos, já percebe uma diferença negativa, em massa, flexibilidade ou coordenação motora.

Com o cérebro acontece a mesma coisa, se não utilizarmos ele atrofiará. Quando o indivíduo aprende algo novo, novas conexões neurais são estimuladas, porém depois de um tempo, este caminho é reduzido e o cérebro busca encontrar estratégias mais simples para dar conta desta nova aprendizagem.

Segundo Doidge (2007), *"é importante compreender que o sistema nervoso é dividido em duas partes: a primeira é o sistema nervoso central (o cérebro e a medula espinhal), centro de comando e controle do sistema. Pensava-se que não tinha plasticidade. A segunda parte é o sistema nervoso periférico, que leva mensagens dos receptores sensoriais à medula espinhal e ao cérebro e transmite mensagens do cérebro e da medula aos músculos e glândulas."*

Muitos estudos foram feitos para ver o quanto o cérebro se alterava diante de estímulos externos, surgindo o termo "plasticidade", que significava que o cérebro poderia ser modificado pela experiência, poderia ser moldado como algo plástico.

Aprender é modificar e precisa ser prazeroso. Para aprender é necessário manter a atenção, fator cada vez mais cobrado pelos professores. Dentro de uma sala de aula, quantas vezes ouvimos a seguinte frase: "*esta criança é desatenta, distrai-se com facilidade*".

Atualmente, a palavra desatenção ou distração torna-se cada vez mais comum entre especialistas e membros da escola. O que observamos é que a distração em sala de aula, muitas vezes, é confundida com transtornos e com a medicalização da criança.

Temos de ter consciência que os avanços tecnológicos contribuíram para que as crianças possam apresentar mais dificuldades em determinadas áreas cerebrais e facilidades em outras, elas são excelentes nos jogos eletrônicos, porém não conseguem realizar cálculos simples.

O que está acontecendo com uma geração repleta de informações na palma da mão, mas não se interessam pelas aulas?

Diante de todos estes pontos neurológicos, sociais e emocionais, a memória na escola é muito exigida e cobrada, como já mencionado anteriormente.

O cérebro se modifica à medida que aprende. O Sistema Nervoso Central se modifica com a chegada de novas informações, ocorrendo uma plasticidade, que é a forma pelo qual se aprende. O cérebro é capaz de responder à estimulação do meio ambiente e produzir novos neurônios.

A memória é essencial para a existência humana, para tomar decisões melhores no futuro, ou seja, todo nosso pensamento e planejamento são ditados pela memória.

A memória é um sistema muito complexo e que nem um computador mais veloz e moderno é capaz de realizar todas estas conexões.

Doidge (2007), aborda que todos nós temos algumas funções cerebrais mais fracas, e as técnicas baseadas na neuroplasticidade têm um grande potencial para nos ajudar.

Os exercícios mentais têm importantes implicações na educação. Muitas crianças já se beneficiaram de uma avaliação neuropsicológica para identificar as funções enfraquecidas e fortalecer habilidades e, na maioria das vezes, a autoestima acaba sendo também ponto positivo.

Existem inúmeras pessoas que possuem uma capacidade incrível para memorizar informações, dados ou fatos. E na escola? Como podemos estimular a memória de nossos alunos, principalmente para uma aprendizagem significativa? Não menciono aquela memória de decorar fatos ou conceitos para a avaliação.

Recordo de aulas teóricas em que o professor entregava um questionário com aproximadamente trinta a cinquenta questões e destas, apenas, dez seriam cobradas em uma avaliação. Então, bastava "decorar" todas para garantir a nota máxima.

Será que o bom aluno é aquele que escreve numa avaliação exatamente o que está escrito no livro didático? Será que decorar é memorizar?

Aprender não é só lembrar, é preciso ter raciocínio, uma boa linguagem e acreditem, bom humor. Aspectos fisiológicos também são essenciais para uma boa memória e, consequentemente, uma aprendizagem efetiva. Fome, ansiedade, necessidades fisiológicas e alterações de humor afetam a aprendizagem.

Merzenich, citado na obra de Doige (2007), "alega que quando a aprendizagem ocorre de uma forma coerente com as leis que regem a plasticidade cerebral, a 'maquinaria' mental do cérebro pode ser aprimorada, e assim aprendemos e percebemos com maior precisão, velocidade e retenção."

Ele retrata que podemos mudar a estrutura do cérebro e aumentar sua capacidade de adaptação. Estamos falando, então, que o cérebro é capaz de se modificar, ele é "plástico".

Experimentos mostram que o cérebro é capaz de modificar quando há motivação para aprender.

Assim, a escola é um dos locais que mais se exige do aluno uma aprendizagem e mais se exige do professor a motivação.

Novamente, um ciclo se abre dentro da escola:

Motivação está diretamente relacionada à aprendizagem, que está diretamente ligada à memória e a neuroplasticidade.

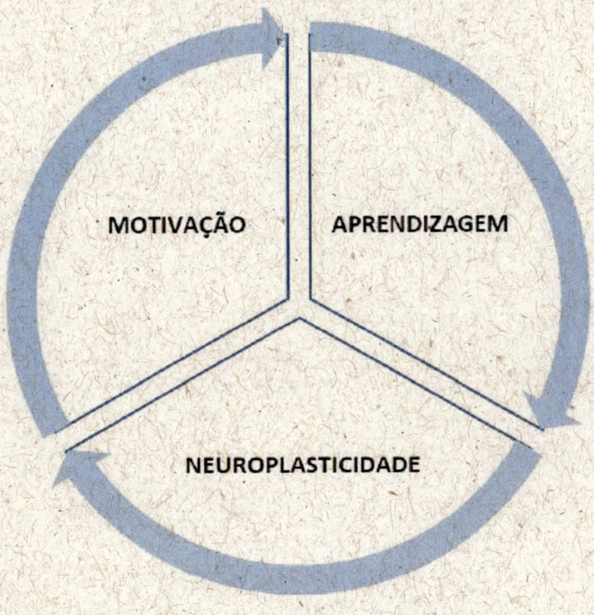

A rede neural se divide em várias tarefas simultaneamente como pensar nas contas que temos que pagar, os filhos para buscar na escola e não se atrasar para um compromisso. Quando há pessoas que não conseguem tomar algumas decisões podemos afirmar que há deficiência em algumas áreas cerebrais.

O neurocirurgião Wilder Penfield, do Instituto de Neurologia de Montreal, citado por Doidge (2007), fez importantes descobertas sobre a plasticidade cerebral, inclusive que quando tocava partes do cérebro, suscitava lembranças de infância há muito perdidas.

Na escola, encontramos alunos com dificuldades de lembrar um fato, recordar o enunciado ou até a página do livro, pois os estímulos externos visuais ou auditivos são muitos, por este motivo que é o local onde estas dificuldades aparecem com maior nitidez, pois exige muito a memória a curto prazo, operacional.

Se a memória está integrada com outras funções como a atenção, então deveríamos dar prioridade, na escola, aulas que evidenciem mais a memória a longo prazo (implícita e explícita).

O aluno precisa recordar-se da aula quando houve experiência pessoal, caso contrário estaremos priorizando apenas a memória o curto prazo, que o conteúdo é transmitido ao aluno sem dar significado a ele.

Dicas para melhorar ou manter uma boa memória

a) Desafiar o novo.

b) Aprender um instrumento ou dança.

c) Manter atenção.

d) Técnicas de relaxamento.

e) Alimentação equilibrada rica em vitamina B12.

f) Sono regular.

g) Atividade física.

h) Associar fatos às imagens. Para memorizar, por exemplo, uma lista de supermercado você pode associar à uma história engraçada. A couve queria casar com o repolho, mas a cenoura não deixou.

i) Associar fatos às músicas. Criar paródias podem ajudar muito. Costumo muito fazer este tipo de atividade com conceitos de conteúdos e os alunos gostam muito. É fato que isto facilita a memorização e para a aprendizagem acontecer é preciso vivência.

Para que também haja uma boa aprendizagem, o cérebro precisa de alguns estímulos e também algumas estratégias que a escola pode proporcionar. Reafirmo a escola, pois é onde se dá uma grande parte da aprendizagem do indivíduo, é por onde ele passa por volta de 10 a 12 anos inserido neste ambiente.

Dicas que facilitam a aprendizagem

1ª Ambiente físico adequado: disposição de mobiliário, como aulas em círculo, imagens visuais, sons, aromas, cores, iluminação adequada são essenciais para que o aluno se sinta confortável e tranquilo.

Presenciei uma experiência, com aromas em sala de aula. Foi realizada uma experiência com alunos de 11 e 12 anos. Por um mês nas aulas de Educação Física, foi colocado um aroma floral.

Os alunos realizaram as aulas sempre sentindo este aroma. Após um mês, este mesmo aroma foi acrescentado nas aulas de Matemática. Os alunos, ao chegarem na sala de aula, tiveram a mesma sensação de prazer da aula de Educação Física, pois foi ativada a memória olfativa. E, desta forma, a aula foi mais produtiva, nosso cérebro ativou a área da memória olfativa como fonte de alegria.

2ª Vivências e experiências: quando o aluno vivencia e pratica um determinado conteúdo, a memória tátil e cinestésica passa a ser ativada. As ações corporais são essenciais para que a memória episódica seja ativada.

A aula de laboratório de Ciências é um exemplo bem nítido desta prática. Ao abrir um peixe para entender suas partes internas é muito mais prazeroso do que apenas visualizar as imagens no livro didático. O que acontece é que esta vivência fica restrita apenas em algumas disciplinas e não em todos os conteúdos programáticos. Visitar um museu, ter aula em ambientes externos, levantar hipóteses e criar novos estímulos faz com que o cérebro se aproprie dessas novas experiências e combine com memórias e informações já anteriores criando novos significados e ampliando os saberes.

3ª Aula invertida. O aluno passa a ser o pesquisador de um determinado conteúdo e o professor o mediador do conhecimento, aquele em que faz mais perguntas do que dá respostas.

Realizei com alunos de 10 anos, uma pesquisa sobre fenômenos naturais, sendo que cada grupo deveria trazer uma curiosidade ou uma informação relevante sobre o assunto determinado. Posteriormente em sala de aula, a turma foi dividida de acordo com semelhanças entre as pesquisas e deveriam buscar estratégias para apresentar ao grupo seu aprendizado como se fossem os professores. Apesar da faixa etária, a riqueza das exposições foi tão importante e significativa que o grupo inteiro se envolveu e aprendeu.

Mas por que o cérebro manteve a atenção no grupo e não no professor como mero expositor de uma informação? A resposta é simples: motivação e emoção. O cérebro precisa de novidades e o aluno também. A utilização dos conhecimentos foi significativa e os alunos tornaram-se investigadores da informação.

4ª Mapas Conceituais ou mentais: os mapas facilitam a aprendizagem dos conteúdos e organização das ideias e informações. O professor deve construir junto com o aluno e também ensinar como se constrói.

O mapa conceitual ou mental, como é chamado por alguns professores, é um recurso didático que ainda é pouco aproveitado pela escola. É um recurso e uma estratégia para ser utilizado em sala de aula com conceitos que necessitam de maior foco atencional.

Para a construção do mapa conceitual usa-se uma palavra chave inicial ou o tema de uma unidade que está sendo trabalhada em sala de aula e pode ser utilizado em todas as disciplinas curriculares.

Minha sugestão é que o professor realize o mapa conceitual no fechamento de uma unidade e após os alunos já terem conhecimento do assunto.

A seguir destaco um exemplo de Mapa Conceitual de um conteúdo de 2º ano, do Ensino Fundamental, na disciplina de Ciências.

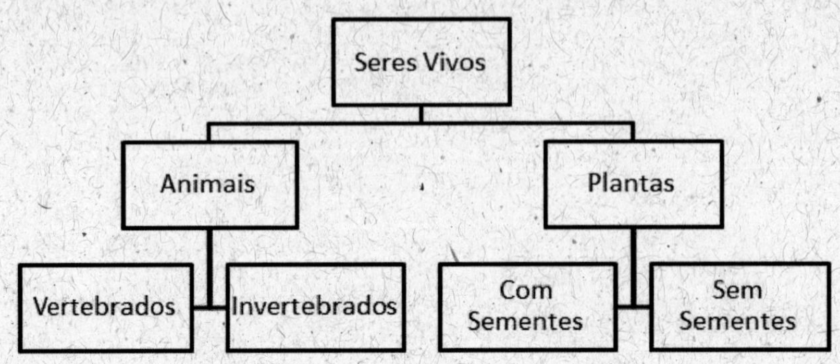

Veja um outro exemplo de Mapa Conceitual de acordo com o conteúdo deste livro.

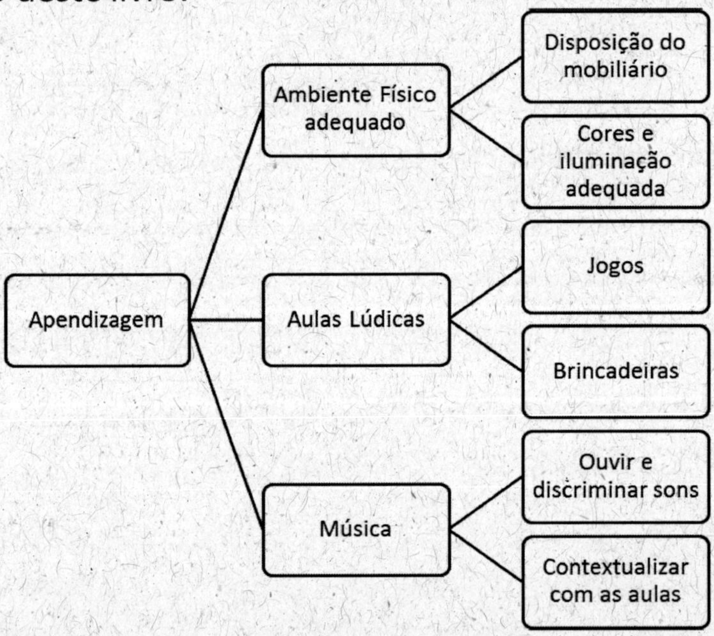

5ª Diferentes estratégias: “alunos diferentes aprendem de forma diferentes”, então também temos que propor situações novas que possam ser aplicadas em sala de aula. Há alunos que tem uma memória auditiva melhor que a visual ou tátil. Não importa! O que o cérebro realmente precisa é que todas as áreas sejam estimuladas. Uma marca de um produto para ser fixada no consumidor faz campanhas através de imagens, músicas, folders, redes sociais. Então, diversificar as estratégias são bem-vindas na escola.

6ª Música nas escolas. Lembre-se de músicas de propagandas de alguns produtos ou slogans que jamais são esquecidos. Com certeza, consegue recordar-se até de detalhes. A memória precisa de repetição e de diferentes estratégias, portanto incluir música na aula é um recurso muito interessante.

Segundo Feinstein (2006), "a neurociência descobriu que os disparos neuronais sincronizados nas múltiplas áreas do cérebro são característicos das capacidades de raciocínio de ordem superior e são estimulados quando se ouve ou se executa uma música. Os elementos fundamentais da música, tais como a altura ou o ritmo, são processados por grupos de neurônios em rede em diferentes áreas do cérebro, incluindo o cerebelo e as regiões dos lobos frontais, parietais e temporais (...). Ouvir e executar música ativa estes grupos neuronais associados em simultâneos. Estes disparos ajudam o cérebro no reconhecimento de padrões necessários na cognição e na memória."

A música aumenta o foco, a inteligência e a concentração. Desde dentro da barriga, o feto já consegue interpretar o mundo que o rodeia por diversas sensações. Há estudos em que o feto identifica os sons e, ao nascer, reconhece estes mesmos sons, principalmente a música.

Como a música está ligada diretamente a emoção, podemos afirmar que o sistema límbico é ativado ao ouvir uma música que nos remeta a um fato. Este sistema tem a função de armazenamento da memória e a música tem uma importância na modificação do cérebro através da neuroplasticidade.

Quantos indivíduos, após uma lesão no cérebro, são submetidos as terapias com música. A resposta que o cérebro dá a música é muito mais rápida, por exemplo do que as respostas na área da linguagem.

A música é uma forma de comunicação que transmite significados e também emoção, ela abrange tanto o Hemisfério Esquerdo para analisar os sons e o conteúdo e no Hemisfério Direito a melodia.

O cérebro gosta de analisar a estrutura da música, não tem graça melodias simples e previsíveis e também desestruturadas.

Muitas vezes passamos a gostar de uma determinada música dependendo do local ou momento em que a ouvimos. Se estivermos num ambiente alegre, aquela música trará sensações boas, mas se associarmos uma música num ambiente melancólico faremos também estas associações em nossa memória.

Dourado (1999), destaca que a música está presente desde a Antiguidade, e que o poder que ela exerce. O autor destaca que empresas afim de fazerem as pessoas esperarem colocam aquela música numa versão "horrível" que constata a desistência de quem ouve. Porém, aborda em sua obra a importância da música na recuperação de pacientes.

> "Uma clínica psiquiátrica de Richmond, EUA, obteve sucesso em experiências musicais com ex-combatentes traumatizados, e o francês Vergnes chega a arriscar que as ondas sonoras po-

> dem alterar a movimentação de substâncias no interior das células, abrindo caminho para uma avenida de novas teorias e especulações." (Dourado, 1999, p. 21)

Percebam a importância de fazer boas escolhas dentro da escola, em todos os aspectos sejam musicais ou literários. Cantar, ouvir boas músicas ou tocar um instrumento estimulam áreas cerebrais como uma mágica.

Portanto, as aulas que envolvem a música poderão trazer grandes benefícios para o cérebro e para a aprendizagem.

Geralmente, as músicas na escola são bem-vindas, pois a criança está num ambiente conhecido, com os colegas que trarão sensações positivas e, assim, o cérebro registrará uma memória associada ao conteúdo programático ou simplesmente para um momento de descontração.

O importante é que a escola proporcione aos alunos músicas com qualidade tanto em repertório quanto em melodias.

7ª Aulas historiadas: transformar a aula em histórias engraçadas, divertidas e interessantes também agrada ao aluno e ao cérebro. Você deve ter ótimas recordações de histórias em que seus pais ou avós contavam? Lembram detalhes daquele filme preferido e o que faz que todos estes fatos fossem memorizados? O enredo era interessante com doses de emoção, tanto de medo quanto cenas engraçadas. Já imaginou explicar aos alunos do 3º ano uma cadeia alimentar dentro de uma história? Como seria? Ou então explicar pronomes em uma história. Veremos posteriormente como as histórias influenciam a aprendizagem e são benéficas para o fortalecimento de sinapses.

Recentemente o conteúdo programático que teria que aplicar para alunos de 4º ano era sobre pronomes, além de retomar várias classes gramaticais como verbos, adjetivos e substantivos. Conceitos que na maioria das vezes, eles chegam no 6º e 7º anos sem dominar. Não ressalto aqui sua relevância em ensinar ou não, mas a forma de transformar um conteúdo, que fique entre nós... muito chato para os alunos deste século.

Resolvi então criar uma história engraçada com o rei Substantivo, seus súditos e um belo substituto que chega ao reino para atrapalhar os planos do rei e tomar seu lugar, o Pronome. Bom... acho que dá para imaginar as confusões que ocorreram neste reino. Uma dica simples que até hoje, alguns alunos me encontram e falam da história.

8º Aulas lúdicas: esta dica será abordada nos próximos capítulos, salvo sua importância neurológica que abrangerá todos os pontos anteriores.

Portanto, unir todas essas dicas dará uma boa receita de aprendizagem e de prazer pelo aprender. Não há uma receita pronta para transformar sua aula, mas a importância de elaborar um plano bem estruturado com objetivos claros será muito mais efetivo para o cérebro reter informações e ampliar conexões.

Capítulo 6

Desenvolvimento motor e psicomotricidade

Antigamente, acreditava-se que para ser um bom atleta ou praticar um esporte com excelência era necessário apenas músculos desenvolvidos e uma habilidade na coordenação motora. Fato que foi descartado por cientistas e neurocientistas.

Usamos os lobos frontais para saber como executar uma atividade, mas a área do cérebro que mais se beneficia com o treino é o cerebelo, que é quase que totalmente responsável pelo movimento. Ele envia sinais para os músculos, facilita a memória motora e quanto mais treinamos, mais o cerebelo sabe quais nervos e músculos deve acionar.

Segundo Almeida (2014), psicomotricidade é a ciência que tem como objeto de estudo o homem por meio de seu corpo em movimento e em relação ao seu mundo interno e externo e sua atuação com o outro, com objetos e consigo mesmo.

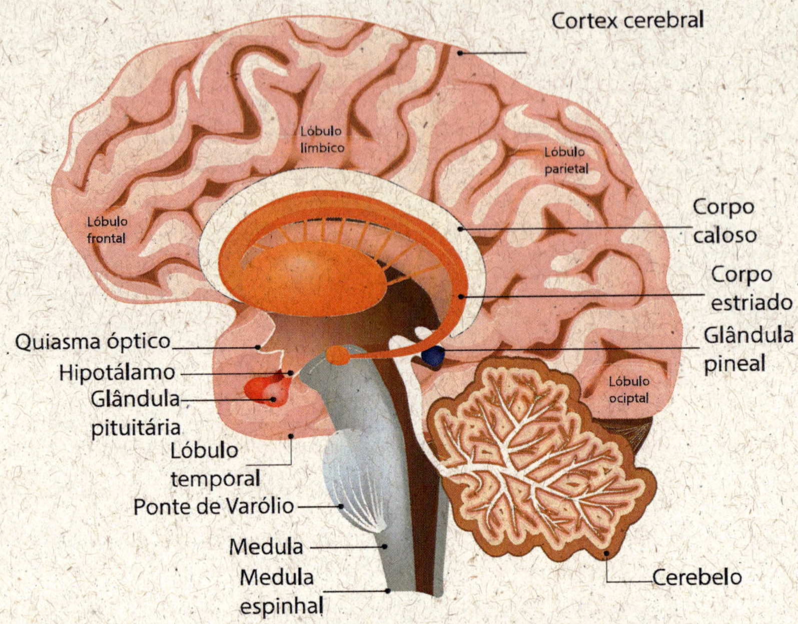

A psicomotricidade envolve uma amplitude de organizações não só motoras, mas também de percepções sensoriais e proprioceptivas. Há movimentos voluntários e involuntários. No trabalho com a psicomotricidade é preciso levar em consideração também o movimento involuntário ou não pensante.

O trabalho psicomotor é essencial para um desenvolvimento não só na parte de movimento da criança, como também em todo o aspecto que envolve a percepção que ela possui do mundo e das áreas cognitivas e raciocínio lógico.

A percepção que a criança tem do mundo acontece através do movimento e que registrará informações no sistema nervoso. As ações motoras, muitas são involuntárias e inatas do ser humano, outras são aprendidas e armazenadas no campo responsável pela memória, porém áreas cerebrais precisam ser estimuladas para que a motricidade seja desenvolvida.

Por exemplo, aprender a manusear uma tesoura, uma agulha de costura ou amarrar o cadarço do tênis. São movimentos aprendidos e transmitidos, porém uma vez automatizado, não precisamos mais lembrar passo a passo para executá-los.

Nossas ações motoras estão ligadas ao córtex motor, veja imagem a seguir.

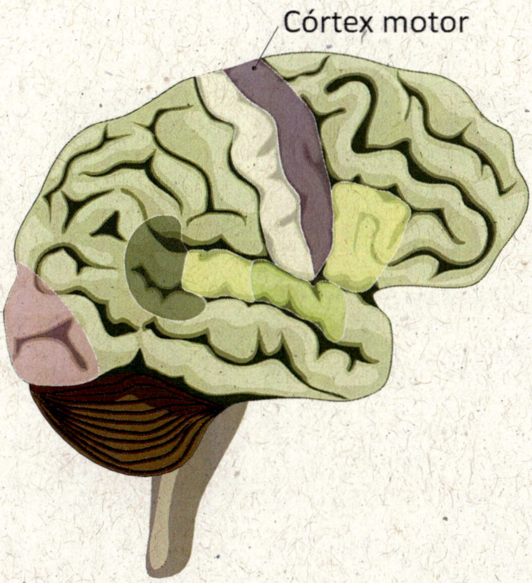

Segundo pesquisas, nossa área motora cerebral tem sofrido muitas modificações nos últimos anos, somos os primeiros primatas e ter controle de nossos movimentos e do movimento de pinça, capazes de realizarmos tarefas detalhadas com as pontas dos dedos, seja um bordado, uma pintura ou até mesmo colocar uma linha em uma agulha.

Mas o que vem acontecendo com nossas crianças nos últimos dez anos? Não conseguem executar movimentos simples como amarrar o cadarço de um tênis, pular corda ou até mesmo utilizar corretamente a linha do caderno, como já mencionado.

O trabalho psicomotor não pode acontecer isoladamente apenas em consultórios, ele deve estar inserido no contexto escolar, pois é neste ambiente que a criança é colocada em situações que exijam um domínio das habilidades motoras.

Fonseca (2012), retrata muito a importância da tonicidade como um alicerce da Psicomotricidade, "a tonicidade garante, por consequência, as atitudes, as posturas, as mímicas, as emoções, etc, de onde emergem todas as atividades motoras."

O papel da tonicidade é tão importante quanto o papel psicológico que o movimento exerce. Quando um aluno não consegue chutar a bola e fazer o gol e, consequentemente, a turma reclama, a frustração acontece.

Isto refere-se também ao fato de não conseguir copiar da lousa nas linhas do caderno ou segurar adequadamente o lápis.

Ainda citando Fonseca (2012), " *a tonicidade abrange todos os músculos responsáveis pelas funções biológicas e psicológicas, além de toda e qualquer forma de relação e comunicação social não verbal, tendo como característica essencial o seu baixo nível energético, que permite o ser humano manter-se de pé por grandes períodos de tempo sem a manifestação de sinais de fadiga. Como consequência, a tonicidade envolve também a apreciação do poder muscular, visto que é neurologicamente indissociável dele."* Gonçalves (2019), aborda que os sistemas motores dependem de um fluxo de informações sensoriais dando elementos sobre o ambiente , a posição e orientação do corpo e dos membros e o grau de contração dos músculos, de forma a corresponder adequadamente às ações do movimento.

Estudos feitos em laboratórios com ratos demonstraram que quando estimulados a práticas motoras e exercícios físicos reduziam a probabilidade de terem demência na velhice e desenvolverem doenças.

A família também tem papel fundamental para estimular essas habilidades motoras na criança desde muito cedo. A criança precisa manipular diferentes tipos de objetos, sentir texturas, provar diversos alimentos e principalmente ser estimulada no contato com materiais sem valor comercial: como areia, folhas, gravetos, barro, andar descalças e ter oportunidade de vivenciar brincadeiras junto com a família.

Brincadeiras simples como pular corda, amarelinha, rodar pião, jogar bolinhas de gude são bem-vindas. Atualmente o "modismo" por determinados brinquedos aparecem repentinamente, mas na mesma velocidade desaparecem.

Quantas crianças apresentam dificuldades em equilibrar-se num pé só ou andar sob um banco. O equilíbrio é fator essencial para o desenvolvimento infantil, principalmente ao andar. É uma ação coordenada que envolve um processo de aprendizagem que envolve o tronco cerebral e o cerebelo.

Para que o ser humano tenha um bom equilíbrio existe uma área responsável também dentro do ouvido interno, que denomina-se de sistema vestibular. Este sistema é um componente que auxilia o cérebro a perceber as sensações e a motricidade.

O sistema vestibular informa ao nosso cérebro como o nosso corpo se movimenta em relação a cabeça e ao pescoço que processa informações que estão ao redor através dos olhos e perceber o ambiente. Movimentos como rodar, levantar e deitar, olhar para cima e para baixo ou até subir e descer do elevador são coordenados pelo sistema vestibular, inclusive a orientação espacial tão necessária nas aulas.

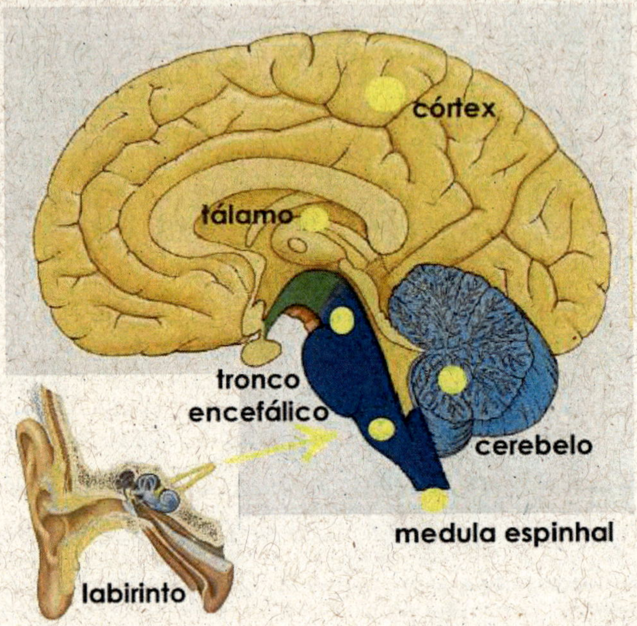

Imagem disponível e adaptada em: http://www.vertigemetontura.com.br/labirinto%20funcao.htm. Acesso em 05/07/2019.

Na imagem é possível observar a proximidade do sistema vestibular com o cerebelo. E os pontos em amarelo destacam-se pelo caminho que as informações são processadas pelo canal auditivo.

Portanto, proporcionar aulas que envolvam o movimento, o equilíbrio e o espaço são primordiais para o desenvolvimento infantil desde muito pequenos.

Quem não viu crianças encantadas pelos brinquedos como os a seguir?

Quanto tempo durou esta avalanche de vendas e consumo? Não mais que um mês. Youtubers ensinam brincadeiras e dominam o universo infantil.

E onde está o problema? No videogame? Jogos eletrônicos? Celulares e aplicativos de tabletes? A culpa não está neles e sim na forma como, nós adultos, estamos permitindo que as crianças se afastem deste mundo infantil e da ludicidade e estão sendo inseridas cada vez mais cedo ao usar um celular.

E esta relação com a parte neural? Como já havia mencionado, tudo o que não é exercitado é atrofiado. Se nossas crianças são deixadas de receber estímulos motores e ter essa vivência, com certeza algumas conexões neurais serão esquecidas e deixam de acontecer. O cérebro é muito sábio e buscará outros caminhos que facilitará uma determinada ação.

Movimentos como tocar o polegar em outros dedos é uma tarefa simples e uma criança de 4 anos seria capaz de realizar sem muitas dificuldades. Mas percebemos o quanto estes movimentos alternados entre os dedos pode ser difícil para alguns.

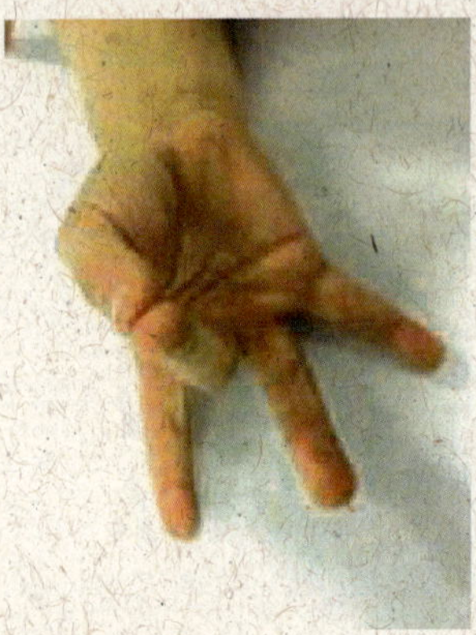

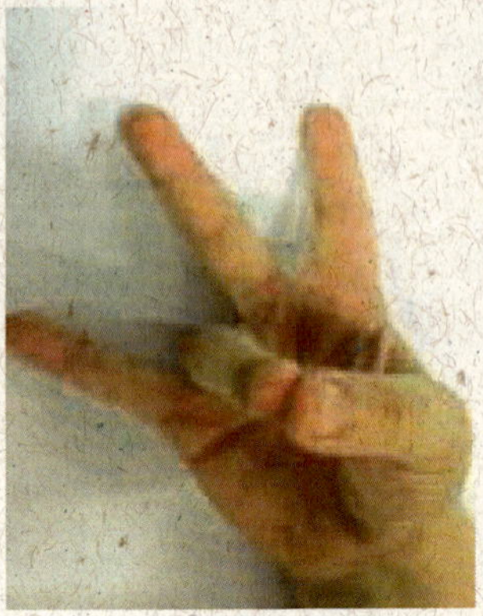

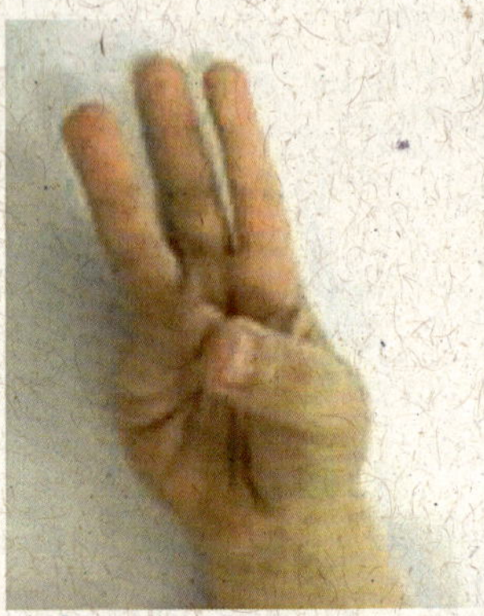

Há algumas áreas cerebrais responsáveis pelo controle motor:

- Área da Boca e da Fala;
- Campo dos Movimentos Oculares "voluntários";
- Área de Rotação da Cabeça;
- Área para as Habilidades Manuais.

Através uma avaliação motora, percebemos o quanto a criança consegue planejar sua ação antes de executá-la. Numa atividade de simetria é bem possível avaliar este aspecto, sendo que muitas crianças começam a executar a tarefa sem antes pensar e depois acabam percebendo seu erro.

Envolver atividades psicomotoras para avaliár as funções executivas são importantes para organizar planos de forma eficaz e bem-sucedido, realizar tarefas e adaptar-se a uma alteração inesperada. Gonçalves (2019), aborda que o tônus muscular é o que assegura a preparação da musculatura para a maioria dos movimentos voluntários e involuntários. É um sinal de alerta, que comanda o gesto, as expressões e as mímicas.

Finalizo este capítulo com uma reflexão: a neurociência veio com força total para contribuir e auxiliar no processo educacional.

Está na hora de olhar para o aluno com um ser que se movimenta, que articula seus pensamentos e não apenas valorizar o cognitivo. A escola ainda tem a visão que o aluno é um ser pensante apenas utilizando uma única área do cérebro: a memória e a atenção.

Capítulo 7

Funções executivas

Atualmente um novo termo faz parte do dia a dia escolar e também das clínicas que são as Funções Executivas, que difere o ser humano dos animais. Elas são tão importantes para o ser humano quanto a manutenção do corpo físico, para o planejamento das ações, dos movimentos e pensamento abstrato.

As funções executivas referem-se as habilidades de controle cognitivo para a realização de ações que se apoiam em atividades diárias, incluindo o planejamento, a análise, o raciocínio flexível, a atenção concentrada e a inibição comportamental, de realizar tarefas e rever erros.

De acordo com Grafman e Litvan, citados em Santos (2015), as Funções Executivas podem ser agrupadas em dois componentes:

a) **Frio:** Raciocínio lógico relacionados muito mais ao aspecto "mecanicista".

b) **Quente:** Envolve a emoção, tomada de decisão, crenças, desejos e punição.

Dias e Mecca (2015), referem-se às Funções Executivas cinco habilidades: criatividade, memória operacional, flexibilidade, autocontrole e disciplina. Segundo as autoras estas habilidades são definidas da seguinte forma:

- **Criatividade:** permite à criança "pensar e encontrar soluções inovadoras" para resolver problemas e buscar soluções.
- **Memória operacional:** permite armazenar uma grande quantidade de dados, capaz de manipular e conectar entre si estes dados, afim de compreender novas informações e estabelecer relações.
- **Flexibilidade:** permite buscar novas alternativas para a resolução de problemas estabelecendo uma conexão entre o social e a aprendizagem.
- **Autocontrole:** refere-se ao fato de controlar os impulsos, as tentações, sem uma preocupação de uma recompensa imediata.
- **Disciplina:** aspecto essencial na liderança para que tenha foco, perseverança e automonitoramento.

Para um desenvolvimento total e pleno das Funções Executivas é necessário tempo e, isto se dá pela lentidão do amadurecimento do córtex pré-frontal.

Como já mencionado, cada área do cérebro tem suas funções especificas, apesar de se complementarem uma com as outras. Como as funções executivas se encontram no lobo frontal, cada subdivisão também possui habilidades específicas. O lobo frontal é uma área rica em conexões, onde se encontra também o fator da motivação.

Córtex pré-frontal:

- Planejamento de estratégias;
- Seleção de habilidades necessárias para a conclusão de uma tarefa.

Córtex orbitofrontal ou barral:

- Responsável pela impulsividade;
- Comportamentos sociais e antissocial;
- Aspectos emocionais;
- Desinibição;
- Sociopatia;
- Comportamentos estereotipados;
- Hiperatividade sexual;
- Euforia.

Córtex ventromedial

- Responsável pelas experiências e significados emocionais.

Muitas crianças e adolescentes tem problemas na Função Executiva como distúrbios e transtornos. E estas falhas causam prejuízos escolares e em atividades diárias, muitas vezes simples para alguns, compreender ordem dos fatos ou concluir uma tarefa antes do término da aula são ações simples que, em algumas crianças, aparecem como dificuldades.

Dislexia, TDAH, Discalculia ou qualquer outro distúrbio traz grandes problemas para estas pessoas nas Funções Executivas e que, geralmente são percebidas dentro da escola.

Dentre todas as funções cerebrais, as executivas estão diretamente ligadas ao âmbito escolar. Por isso é essencial que o professor conheça estas funções e possa desenvolver estratégias para auxiliar o aluno.

Ressalto a importância de uma equipe multidisciplinar para avaliar os prejuízos deste aluno e para estimular determinadas áreas cerebrais.

Alguns especialistas acreditam que as Funções Executivas envolvem:

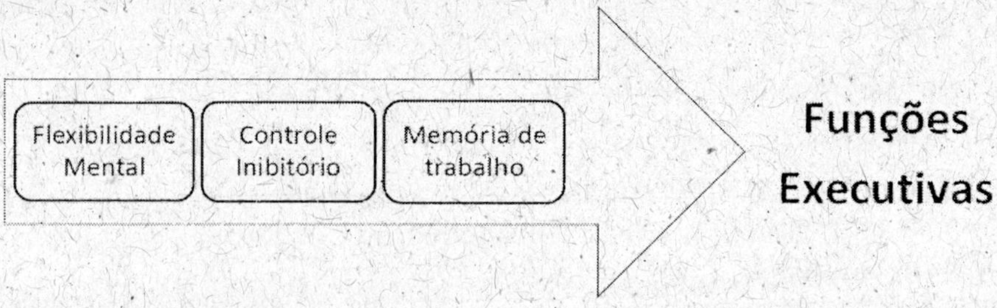

A seguir destaco alguns aspectos que compõem de forma mais detalhada o que faz parte as Funções Executivas:

- Planejamento: capacidade de escolher estratégias para se atingir um objetivo, sempre estabelecendo etapas para sua execução.
- Capacidade de observação de detalhes e de fazer agrupamentos, por exemplo: cachorro e gato fazem parte do grupo de animais.
- Controle de inibição de estímulos externos (freio inibitório): capacidade de responder e interromper uma ação. Em crianças muito pequenas é difícil mensurar e avaliar este aspecto, pois até mesmo por falta de vivência e maturidade, as crianças pe-

quenas são mais impulsivas. Em crianças maiores sua avaliação torna-se mais eficaz.

- Tomada de decisões: capacidade de realizar uma tarefa escolar, análise e escolha de uma alternativa, memória de trabalho e recuperação de informações recentes, antecipação de consequências.
- Flexibilidade cognitiva: capacidade de mudar as estratégias ou um comportamento de acordo com o ambiente em que está inserido.
- Controle emocional em situação de estresse, por exemplo ao realizar uma avaliação escolar.
- Manutenção da vida: a não utilização de drogas, foco atencional ao atravessar uma rua, evitar situações de perigo.
- Resistência às frustrações e Índice de irritabilidade: é um fator de preocupação no processo de uma avaliação das Funções Executivas. Há crianças que quando não conseguem ganhar em um jogo na aula de Educação Física, por exemplo, agride o colega ou até chuta um objeto.
- Auto monitoramento: capacidade de compreender as suas próprias emoções, comportamentos e habilidades para controlar impulsividade.

Diante de todas as funções nesta área cerebral, podemos questionar um número crescente de crianças e adolescentes que possui prejuízos nas Funções Executivas e que a escola tem se deparado frente a um problema cada vez mais amplo. Destaco também que muitas vezes, alguns comportamentos não estão relacionados a falhas nesta área, mas sim por falta de condutas e regras estabelecidas dentro do âmbito familiar.

A cultura familiar também influencia diretamente comportamentos permissíveis e inadequados na criança. Não entrarei no aspecto de limites, mas se em casa, a criança tem liberdade para ditar as regras e se comportar agressivamente diante de um problema ou uma situação inesperada e é apoiada pela família, na escola repetirá este tipo de conduta.

Por inúmeros motivos é essencial que a escola e a família acompanhem juntos a avaliação de uma equipe multidisciplinar e analisem cada ponto para uma avaliação precisa.

A escola precisa remodelar sua forma de ensinar. O aluno precisa aprender de forma significativa e reflexiva, fato que acontece muito na Educação Infantil com a experimentação, roda de conversas e atividades concretas. Porém, estes pontos vão se perdendo ao longo dos anos escolares.

Há várias habilidades que o cérebro necessita para fortalecer e desenvolver as Funções Executivas e que, na escola, o professor, como alguém que é o mediador do conhecimento deve aplicar. Os conteúdos programáticos precisam ser aplicados, talvez esteja se questionando, mas como?

O grande problema da educação não é apenas um currículo extenso em conteúdos, mas na minha visão, a forma como estes conteúdos são aplicados em sala de aula.

Se o cérebro gosta de desafios e é curioso, solicitar ao aluno que abra o livro didático e faça cópias de conceitos não favorecerá as conexões no Lobo Frontal, responsável pelas Funções Executivas.

Cabe a escola fazer provocações ao aluno, transformar e estimular associações das informações para que se fixe no cérebro em forma de conceito.

Quando desenvolvemos no aluno as habilidades cerebrais relacionadas às Funções Executivas, fazemos com que haja diálogos entre as partes cerebrais, de conceitos, o aluno passa a ser mais protagonista de sua própria aprendizagem com mais autonomia na busca pelo conhecimento. É necessário uma aula reflexiva.

A seguir destaco, através de um mapa conceitual estas habilidades cerebrais que devem estar presentes no âmbito escolar.

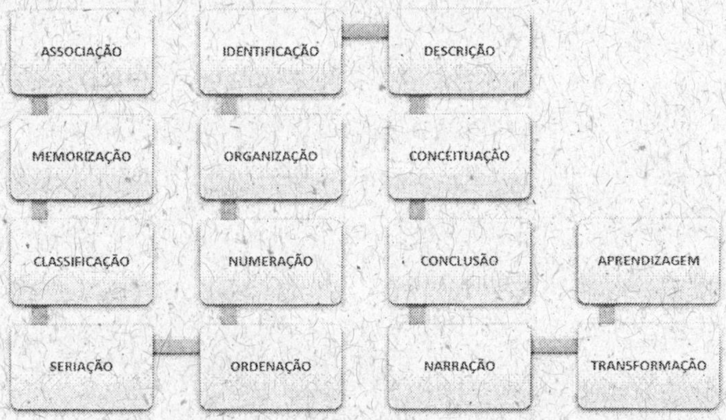

Todas estas habilidades estão conectadas entre si e em muitas atividades escolares são utilizadas mais do que uma habilidade. O último item do mapa conceitual é a TRANSFORMAÇÃO. Quando há TRANSFORMAÇÃO há aprendizagem e, consequentemente, mudança no cérebro.

Quando há transformação, podemos dizer que o aluno aprendeu e retoma ao início do mapa com outra habilidade.

O cérebro só aprende por associação, quando o conteúdo faz sentido ao aluno, é feito relação com o concreto e estabelece associações com outros conceitos. A informação ao chegar no cérebro vai "embora" se não for significativa. E quando fixa podemos falar que a informação transformou-se em conceituação e conhecimento. A capacidade cerebral de arquivar tudo o que foi vivido chamamos de memorização. A capacidade de memorizar é ilimitada, mas seu arquivamento é limitado. O cérebro só arquiva aquilo que tiver significado e a única forma de conseguir isto, é fazendo as associações. A repetição também é um aspecto importante para a memorização, mas sempre uma repetição com significado.

Preencher listas de exercícios torna-se enfadonha senão não for feito através de desafios.

Outra habilidade essencial é a classificação, que é a capacidade de separar em grupos de acordo com critérios seja por semelhanças, diferenças e comparações. Compreender que gato e cachorro fazem parte do grupo de animais e não frutas, por exemplo.

A seriação refere-se a uma sequência de fatos, uma organização sequencial, por capítulos. Os adolescentes gostam muito de seriados, então trabalhar os conteúdos por séries é uma boa estratégia. Cérebro gosta de seriar, criar expectativa. Imagine os capítulos de uma novela ou seriados com temporadas. Ficamos ansiosos para o lançamento de novos episódios. Que tal criar uma série de um conteúdo programático? Deixe que os alunos pensem como farão, deixe que sejam protagonistas destas ações.

Quando enumeramos capítulos, fatos ou fases relacionamos diretamente a habilidade de numeração e ordenação. Colocar em ordem um critério já estabelecido fortalece esta aprendizagem. Cérebro precisa de organização e de rotina.

Os conteúdos precisam ter sentido, quando há um desprazer pelos conteúdos escolares, o cérebro libera toxinas, há um desgaste químico.

O processo de identificar todo o percurso daquele conhecimento chamamos de descrição. É uma habilidade de organizar o pensamento e criar conexões associativas que possibilitem o conhecimento por diferentes ângulos.

Habilidade essencial neste processo é a conclusão, muitas vezes deixada de lado na escola e só lembrada numa graduação ao realizar o Trabalho de Conclusão de Curso, o famoso TCC. Precisamos ensinar aos alunos a concluir o pensamento, isto pode acontecer diariamente na aula, no final do dia, retomando o que foi aprendido naquele dia. Basta alguns minutos para fazer isto e o resultado será incrível. Que tal um mural na sala com as descobertas do dia?

Quando o aluno conta, narra fatos e expõe suas ideias, podemos dizer que a narração também é uma habilidade fundamental para a aprendizagem. Pedir aos alunos que falem o que acabaram de aprender e depois façam um registro breve, facilitará a aquisição e retenção do que foi aplicado em aula.

Assim, diante de todas estas habilidades bem trabalhadas em sala de aula a transformação acontecerá e consequentemente uma aprendizagem mais reflexiva e significativa.

LÓBULO FRONTAL

Solução de problemas
Julgamento
Inibição de comportamento
Planejamento
Antecipação
Fala (linguagem expressiva)
Expressão emocional
Consciência de habilidades
Automonitoramento
Planejamento motor
Personalidade
Comportamento sexual
Controle comportamental
Limitações
Organização
Atenção
Concentração
Flexibilidade mental
Iniciativa

LÓBULO PARIETAL

Sentido do tato, paladar e olfato
Diferenciação de tamanho, formato e cor
Percepção espacial
Percepção visual
Habilidades acadêmicas
Cálculos matemáticos
Leitura
Escrita

LÓBULO OCCIPTAL

Área de recepção visual
Interpretação visual
Leitura (percepção e reconhecimento)

CEREBELO

Coordenação de movimento voluntário
Balanço e equilíbrio
Refinamento ao sistema motor

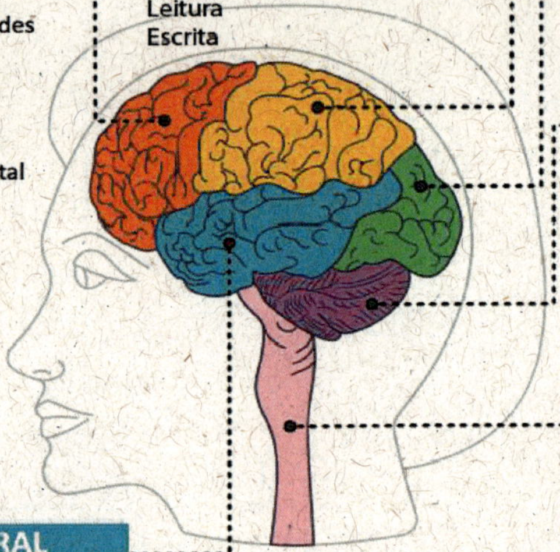

LÓBULO TEMPORAL

Entendimento da linguagem
Organização e sequenciamento
Recuperação de informação
Consciência musical
Memória
Audição
Aprendizado
Sentimentos

TRONCO CEREBRAL

Sentido do equilíbrio (função vestibular)
Reflexo de ver e ouvir
Sistema nervoso autônomo
Respiração
Digestão
Frequência cardíaca
Deglutição
Consciência
Pressão sanguínea
Temperatura
Estado de alerta
Habilidade para dormir
Sudorese

FUNÇÕES CEREBRAIS

Capítulo 8

Neurociência, linguagem e matemática

A maior conquista e descoberta feita pelo homem é a forma com que ele pode ser comunicar não apenas através da fala, mas também da escrita.

Você já parou para pensar como seus olhos estão acompanhando as letras e palavras deste livro, e em milésimos de segundo estas palavras, estes códigos são interpretados e levados ao seu cérebro através do campo visual e também de uma área muito importante nomeada de Área de Broca.

Desde bebê, o indivíduo passa a ter contato com a língua materna através da relação com as pessoas que o rodeiam. Conversamos com o bebê recém-nascido, cantamos, mudamos entonação de voz e usamos o tato ao falar com esta criança.

Então, desde muito cedo o contato com a linguagem oral é incorporado ao cérebro do bebê que começa a fazer conexões e estabelecer memórias. A criança ainda não sabe pronunciar palavras, mas já reconhece a voz da mãe, mesmo sem vê-la.

Em seguida, a família começa a nomear com este bebê objetos, pessoas e outros seres, a imitar suas pequenas palavras. Assim, a criança começa a ter consciência fonológica e intuitivamente inserida nos sons das letras e das sílabas.

A imagem visual é essencial para a aquisição da leitura e da escrita. Há muitos estudiosos que abordam diferentes métodos de alfabetização, não entraremos neste quesito qual o melhor método, mas não podemos deixar de retratar como a informação escrita chega ao nosso cérebro e por quais motivos temos tantas crianças que concluem o Ensino Fundamental sem saber ler fluentemente.

Hoje temos muitos relatos que nossos alunos não conseguem ler e interpretar pequenos textos com fluência. Esta é a maior queixa dos professores e das escolas.

Para que haja comunicação é necessário um sistema entre o emissor e o receptor que possa ser visual, corporal, verbal ou através da escrita.

Dentre as várias funções da linguagem destaco as seguintes:

a) Expressiva: onde manifesta-se as emoções. Quantas vezes você nem precisa verbalizar algo para o outro e este já é capaz de compreender o que gostaria de dizer através da expressão facial?

b) Sinalização: um sinal que o emissor transmite já pode gerar uma reação ao receptor. Aqui no Brasil, uma piscada de olhos já pode ser interpretada como uma mentira, por exemplo. Enquanto alguns sinais aqui podem ter diferentes interpretações em outros países. Ou seja, a cultura também influencia na comunicação.

c) Descrição: enumerar fatos passados. O emissor pode ativar as conexões da memória para relatar um fato, que muitas vezes se mistura com a expressiva e a sinalização.

d) Discussão: A linguagem aqui se enquadra no pensamento racional e na crítica.

A expressiva e a sinalização também fazem parte do mundo animal, porém a descrição e a discussão são habilidades humanas.

O Hemisfério Esquerdo é o responsável pela leitura e pela escrita. A área de Broca é a responsável pela linguagem e o primeiro estudo de linguagem foi feito por Pierre Paul Broca que era um cientista e médico francês.

Não podemos falar de linguagem sem falar sobre as áreas de Broca e Wernicke. A área de Broca é a responsável pela organização da fala enquanto a de Wernicke é responsável pela compreensão total da linguagem.

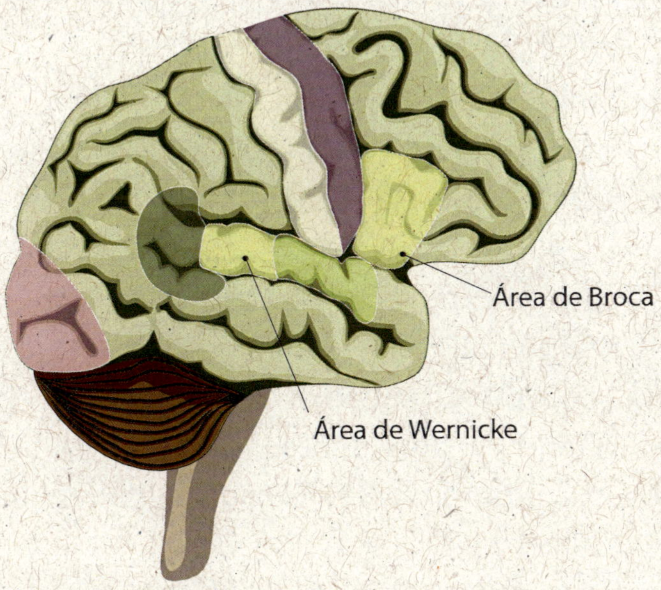

É no lobo temporal que se encontra estas duas áreas, no qual a área motora envia comandos neurais relacionados à escrita, através do movimento dos olhos e das mãos. O maior ápice motor do ser humano é a escrita, principalmente a letra cursiva, onde o cérebro tem que associar as áreas da linguagem e motora.

Segundo Dehaene (2009), "a região occípito-temporal esquerda, que se ativa no curso da leitura, reúne informações visuais e nos permite reconhecer as palavras ao aparecerem na retina."

Através de muitos testes Dehaene, diretor da Unidade de Neuroimagem Cognitiva na França, relata que a:

> "leitura começa no polo occipital, sede das representações precoces. Em torno de 170 milissegundos, a ativação báscula em favor do hemisfério esquerdo, onde ela permanece restrita à região occípito-temporal ventral. Depois, a explosão: em torno de 250 milissegundos, a atividade invade uma vasta porção dos dois lobos temporais, na região superior média e inferior. Em torno de 300 milissegundos, ela estende sua tarefa ao seio do hemisfério esquerdo, aí compreendido o polo temporal, a ínsula anterior e a região de Broca."

Através deste estudo, podemos constatar a rapidez com que a leitura chega em nosso cérebro e vai em direção às regiões visuais. Assim é no lobo temporal que as letras e os sons se encontram.

O cérebro da criança já está pronto para a leitura por volta dos 6/7 anos, mas a alfabetização já inicia-se bem antes. Estamos inseridos num mundo letrado e a criança reconhece códigos e símbolos de produtos ou marcas de lanchonete. Porém, reconhecer apenas os símbolos não é garantia de aquisição da linguagem escrita.

Desde pequena, a criança já tem sua memória visual e a retina capta todas as informações, inclusive letras e sons. Os estímulos visuais das regiões laterais do cérebro são essenciais para a produção de um mapa visual já na região mais próxima do centro do cérebro.

Os fonemas e grafemas relacionam-se entre si no hemisfério esquerdo, codificando e decodificando os símbolos da leitura.

O cérebro processa a leitura de palavras conhecidas muito mais rápido do que palavras desconhecidas durante o processo de alfabetização. Um leitor fluente pode ler inúmeras palavras e dar significado a elas sem nunca as terem contato, pois passa a compreender o contexto da frase, diferente da criança que inicia seu processo de leitura e escrita.

A plasticidade neural demonstra claramente sua existência quando falamos sobre a escrita e a leitura, pois não faz parte de nossa unidade de sobrevivência, mas nosso cérebro se adaptou para receber tais informações.

Cada cultura tem sua leitura e escrita, pensamos nos ideogramas, na escrita em japonês ou chinês. Nosso cérebro se adapta também a cultura que estamos inseridos, mas todos são ligados aos sons e significados.

Dehaene (2009) também aponta em sua obra que aprender a ler há uma conexão entre os dois sistemas cerebrais presentes na criança: o reconhecimento das formas e as áreas da linguagem. E que essa aprendizagem passa por três fases:

a) Pictórica: quando a criança tem a imagem de algumas palavras. Por exemplo, ao ver as letras e as cores do nome de uma determinada lanchonete, a criança identifica rapidamente como se estivesse "lendo".

b) Fonológica: quando a criança aprende a codificar e decodificar os fonemas e grafemas, reconhece os sons e faz associações com as letras. Esta fase é muito importante para o processo de alfabetização.

c) Ortográfica: nesta fase, a criança já automatiza o reconhecimento das palavras.

Lesões nas áreas da linguagem poderão acarretar problemas graves na fala ou na escrita e leitura. Percebo que, algumas crianças são diagnosticadas com dislexia de forma errônea, mas sim tiveram falhas do processo de alfabetização.

A dislexia é uma dificuldade de aprendizagem de leitura, um distúrbio na conversão dos fonemas e grafemas e que não está relacionado a uma síndrome ou rebaixamento cognitivo, não é uma doença.

Segundo García (1995) a dislexia, manifesta-se uma leitura oral lenta, com omissões, distorções e substituições de palavras, com interrupções, correções e bloqueios, além de afetar a compreensão leitora.

Há estudos que falta de estímulos táteis na Educação Infantil favorecem as dificuldades de leitura e escrita posteriormente. Dificuldades na motricidade, orientação direita e esquerda, esquema corporal, discriminação auditiva e visual também prejudicam este processo.

Antigamente, todos nós aprendíamos a ler por uma determinada cartilha e os que acompanhavam continuavam seus estudos, mas quantas crianças ficaram para trás? E hoje, com tantos métodos diferentes de alfabetização, há crianças que chegam nas séries finais sem ler e escrever corretamente, como já dito anteriormente.

É preciso compreender as necessidades da criança e compreender que a leitura e a escrita fazem parte do universo do ser humano, porém "testar" diferentes metodologias no processo de alfabetização não favorecem a aquisição da linguagem escrita.

Já em 1959, Lourenço Filho, em sua obra didática Pedrinho faz uma citação importante sobre o ato da leitura. E, hoje em meados da segunda década do século XXI, as preocupações são as mesmas.

> "Ler por ler nada significa. A leitura é só um meio, um instrumento, e nenhum instrumento vale por si só, mas pelo bom emprego que dele cheguemos a fazer." (p.128)

Smolka (1989), faz uma citação em sua obra que é levantada com muita ênfase ainda nos dias de hoje.

> "De nada adianta ao professor ser um grande conhecedor das produções literárias infantis e acompanhar os últimos lançamentos, se ele não tiver a sensibilidade e compreender, pelo estudo da teoria e pela vivência da prática, os processos subjacentes ao desenvolvimento biológico, psicológico e social das crianças." (p. 45)

Esta citação de Smolka, me deixa muito inquieta, pois há muitos anos já havia uma preocupação com a aprendizagem da linguagem sobre o aspecto emocional e atualmente ainda existe uma preocupação gigantesca de vários estudiosos que os alunos ainda não conseguem ter uma leitura fluente e interpretativa. Será que aqui cabe, realmente, culpar a tecnologia de termos, dentro das escolas, alunos que mal sabem escrever um pequeno texto?

Todos os aspectos da linguagem e sua simbologia foram sempre sendo muito estudados e agora temos a Neurociência para ajudar a compreender como a leitura e a escrita acontece dentro do cérebro. O aspecto neurológico era visto apenas como algo físico e anatômico.

Para Weiss (2001), "alterações na formalização da escrita aparecem também ligadas a problemas de origem orgânica, como os motores, que impedem a facilidade de certos movimentos, o que é comum em pacientes com lesão cerebral."

Quantas crianças escrevem de forma ilegível e de difícil compreensão e, muitas vezes, não conseguem utilizar corretamente a linha do caderno? O desenvolvimento da escrita está relacionado diretamente com a leitura. Temos que ter muito cuidado ao acreditar que uma criança está escrevendo, ela pode apenas estar copiando. O que não diz em nada sobre a aquisição da escrita como a transmissão da linguagem.

Acredito que você já tenha observado crianças com letra legível, coordenação belíssima, porém não sabe ler o que escreveu. Em nenhum momento, esta criança tem domínio da leitura e da escrita, pois apenas sua motricidade foi desenvolvida.

A escola é um grande facilitador para estimular a área da linguagem oral e escrita e há várias sugestões para desenvolver estas habilidades.

Segundo a BNCC (Base Nacional Comum Curricular) umas das competências na área da Linguagem é que o aluno seja capaz de:

> "utilizar diferentes linguagens – verbal (oral ou visual-motora, como Libras, e escrita), corporal, visual, sonora e digital –, para se expressar e partilhar informações, experiências, ideias e sentimentos em diferentes contextos e produzir sentidos que levem ao diálogo, à resolução de conflitos e à cooperação."

Esta relação da linguagem oral e da escrita é um dos grandes desafios dos professores atualmente. Atividades de escrita devem ser proporcionadas aos alunos de forma lúdica e mais interativa. Ler tem que ser prazeroso. Nada adianta querer que os alunos despertem o gosto pela leitura com textos complexos e de difícil compreensão.

O cérebro gosta de diversão, desafios e emoção.

Quando um professor conta histórias engraçadas e que tragam uma dose de emoção o aluno passa a ter maior interesse pela aula.

Outro ponto que o cérebro também gosta é de desafios. Propor desafios em sala de aula e contextualizá-los com os conteúdos é uma boa estratégia para aprendizagem de todas as áreas.

Fazer boas escolhas de estratégias e um plano de aula pautado na vivência favorece a interação da linguagem oral com a escrita. Há um abismo entre eles. Alunos falam muito bem, sabem argumentar e refletir vários pontos e informações, afinal o acesso à informação é rápido e prático, porém não conseguem redigir um parágrafo sobre o que falam.

As dificuldades também aparecem na área da Matemática, principalmente na leitura de um enunciado ou de uma situação-problema.

Acredito que o grande desafio das escolas não somente na área da linguagem como na área de Matemática é a defasagem e a má formação dos professores nestas áreas.

Faço aqui uma pequena reflexão aos professores das séries iniciais do Ensino Fundamental, infelizmente a formação do professor na Matemática também é defasada. Você, leitor, domina com facilidade todas as operações matemáticas com números naturais ou decimais, frações e sente-se totalmente preparado para ensinar e propor desafios aos alunos que estimulem o raciocínio lógico e o cálculo mental? E como o cérebro funciona neste aspecto?

Quando fazemos cálculos matemáticos usamos a parte frontal e parietal do cérebro. É também necessário a memória e quanto mais se prática o cálculo mental, mais as conexões cerebrais processam estas informações mais precisas e de forma mais rápida.

Temos de ter ciência que alguns serão muito bons em Matemática, enquanto outros desenvolvem mais a área da leitura e da escrita. Mas na escola, o professor deve estimular ao máximo todas as conexões de cálculos e de situações que envolvam o algoritmo.

Para Feinstein (2006), os alunos "*criam significados principalmente através do processo de construção e de descoberta de conceitos matemáticos, da comunicação de ideias matemáticas, quer escritas orais, do apoio e defesa de raciocínios matemáticos, da análise de abordagens com provas que confirmam tal análise e da construção formal e informal de argumentos matemáticos complexos."*

Fazer com que os alunos memorizem os algoritmos e realizem cálculos mecanicamente não é algo tão difícil dentro da escola. A dificuldade está na análise destes cálculos e na aquisição do conhecimento matemático como algo mais desafiador e complexo.

Para isto, a criança não precisa de atividades de última geração e nem de fórmulas mágicas, ela precisa de alguém que tenha um olhar para seu desenvolvimento cognitivo, corporal e emocional.

Capítulo 9

Neurociência e contação de histórias

As histórias estão presentes em nossa vida desde a pré-história. Será que as pinturas rupestres já não eram registros de histórias? Você parou para pensar de quem contava histórias na sua infância?

A arte de contar histórias em volta da fogueira já traziam elementos fantásticos e folclóricos. Muitas histórias ultrapassaram gerações e tinham o poder de encantar quem ouvia.

As pessoas que contam histórias, sejam pais, avós, professores exercem um poder mágico em nosso cérebro. Através do aspecto emocional e do vínculo que se estabelece entre o ouvinte e quem conta histórias estimula memórias que permanecem em nossa vida.

Procure lembrar de uma pessoa que contava histórias em sua infância? Que papel ela exerce ou exerceu em sua formação?

A contação de histórias e a leitura de bons livros faz com que as pessoas se coloquem no papel do personagem principal e desenvolvemos uma atenção sustentada e seletiva. É possível mergulhar na trama da história como se o espaço externo deixasse de pertencer ao nosso mundo.

Um bom professor deveria sempre iniciar sua aula com uma boa história antes de iniciar seu conteúdo programático, esta aproximação favorece uma abertura e uma pré-disposição para a aprendizagem que virá posteriormente.

Nosso cérebro é extremamente curioso e interromper uma história na melhor parte, como Sherazade, a contadora de histórias do clássico Mil e um noites, estimula a criatividade e motiva a não perder o "próximo capítulo".

A história da nossa família já faz parte desde que nascemos, ao ouvir histórias sobre os familiares mais idosos, a infância dos avós ou até como os pais se conheceram aguça, na criança, uma amplitude de repertório e questionamentos que favorecem a linguagem oral e, que posteriormente, favorecerá a aquisição da linguagem escrita.

A Educação Infantil tem passaporte livre para a contação de histórias através de Roda de Histórias, troca de livros, entre outras atividades desenvolvidas neste segmento, porém, conforme os anos vão passando e o aluno ingressa nas séries posteriores, parece que não é mais importante e este hábito é deixado de lado.

É muito raro observarmos professores de Ensino Fundamental II e Médio contando histórias, salvo exceções relacionados aos conteúdos que são desenvolvidos.

Quando um professor narra uma história, junto aparece o encantamento e o envolvimento, desde a mudança no tom de voz, ou simplesmente um olhar direcionado para o olhar da criança, isto aproxima.

Ao ouvir uma história nossos cérebros se conectam. Há uma conexão entre o emissor e o receptor, a ligação entre a mensagem, o tom de voz e até um gesto.

Já presenciei professores lendo histórias dos livros, sem o envolvimento da história. É muito diferente ler uma história do que contar uma história. Ao ler palavra por palavra sem colocar sua emoção nada acontecerá.

Contar histórias sem apresentar as ilustrações estimula várias habilidades cognitivas, entre elas a criatividade e a flexibilidade cognitiva.

Em tratamentos com pacientes em hospitais o fato de contar histórias melhora até o bem estar destes pacientes. Há vários estudos que demonstram melhora na ansiedade, no humor e minimiza as dores do tratamento.

O compartilhamento das informações, quando de modo eficiente, mostra conexões neurais entre os dois e, segundo pesquisas, há um acoplamento espacial e temporal. Contar uma história como se fosse real ou da vida real, dando ênfase como se fosse contar para alguém próximo.

Quando ouvimos uma história, por exemplo de um podcast, sem a percepção visual, acontece uma recepção de forma ineficiente quando comparada com a interação da pessoa.

Quando a comunicação entre os dois é eficiente, áreas do cérebro são estimuladas, principalmente, no córtex pré-frontal, responsável pela nossa inteligência e funções executivas. O controle inibitório é muito importante, crianças que interrompem a história a todo momento, precisam de um olhar para este aspecto, inclusive no autocontrole. Crianças precisam ser estimuladas a ter autocontrole desde cedo, pois entre 0 a 7 anos é onde estamos formando as funções executivas.

Sugestões para estimular o cérebro em relação à leitura:

1ª Leia a história para os alunos (caso eles tenham o livro) ou a conte com o livro fechado. Cuidar da entonação e da expressividade garante a compreensão do enredo.

2ª Durante a história, explore questões e permita que as crianças participem.

3ª Interrompa a história em alguns momentos e faça questionamentos como: o que será que vai acontecer agora? Onde será que está a princesa? O que você acha que irá acontecer?

4ª Estimula o reconto. Quando uma criança reconta a história que ouviu terá que além de estimular memória de trabalho e também o foco atencional. Durante o reconto, é possível observar se a criança omite partes importantes, se constrói os elementos na ordem dos acontecimentos ou se acrescenta fatos que não estavam presentes na narrativa. Neste momento, é possível compreender até a substituição de palavras pelo repertório linguístico da criança. É possível, também, perceber como a criança representa seu conhecimento, incluindo o espaço-tempo tão importante neste momento.

5ª Estabelecer etapas de leitura: silenciosa, em voz alta e compartilhada. Uma atividade social importante. Nosso cérebro constrói memórias através do foco atencional. Quantas vezes você já deve ter lido um texto e tem que retornar na página anterior, pois não houve compreensão do mesmo. Decodificar os símbolos com o foco atencional em outro lugar não garante a assimilação do mesmo. Por este motivo, é importante que a criança passe por todas as etapas.

5ª Trocar opiniões sobre a leitura realizada ou a que ouviu é forma de garantir a assimilação. Todos os componentes curriculares deveriam incluir em seus conteúdos programáticos a arte de contar histórias.

6ª Estimular Flexibilidade Cognitiva na inversão de uma história. Imagine que a bruxa da Branca de Neve invade o Baile da Cinderela.

7ª Contos de fadas são ótimas opções para crianças na Educação Infantil, pois além de se colocarem no lugar do personagem, são capazes de compreender o bem e o mal. Compreendem as virtudes como bondade e a busca pela felicidade. Há alguns especialistas que colocam que não se deve contar histórias com este enfoque, porém são essenciais e fazem parte de gerações que transmitem valores. Muitas histórias foram criadas com o intuito de colocar medo nas crianças que desobedeciam, mas acredita-se que depende muito do enfoque que a mesma é narrada.

Quando a comunicação não é adequada o receptor recebe como se tivesse num idioma diferente do seu, é necessário ter um foco atencional muito maior do que quando a comunicação é feita de forma mais expressiva. Desta forma, novamente é fato que o encantamento pelas aulas e pela contação de história são fatores essenciais para garantir a aprendizagem mais eficiente.

Capítulo 10

Neurociência e emoção

Este capítulo abordarei uma pesquisa feita com aproximadamente 200 alunos do 4º ao 9º ano de escolas particulares sobre como seria uma escola ideal. Meu objetivo era analisar o que esta nova geração pensava sobre a escola e como esta deveria ser.

Colocarei a seguir todos os dados levantados e, depois faremos juntos, uma análise das respostas. Peço, a você leitor, que analise as respostas ao ler cada questão respondida, talvez chegaremos as mesmas conclusões.

A pergunta feita para os alunos foi a seguinte:

"Como seria uma boa aula? Como as aulas e a escola deveriam ser?"

Acreditei que me surpreenderia com algumas respostas, mas o levantamento foi o seguinte:

Resposta dos alunos dos 4º e 5º anos, aproximadamente 9 e 10 anos

Aulas mais práticas.
Aulas em dupla ou em grupo.
Mais aulas de Artes e Educação Física.

Aulas com mais brincadeiras.

Usar outros espaços da escola para realizar atividades diárias.

Aulas com debates.

Aulas com teatro.

Algumas das respostas dadas pelos alunos

"Eu gostaria que as aulas tivessem mais brincadeiras para que fossem mais legais e para a gente não ficar com tédio". – 9 anos

"Eu gosto das aulas em que podemos conversar bastante, porque entendo mais o conteúdo e ajuda na hora da prova. Discutimos nossas opiniões e memorizamos" – 10 anos

Respostas dos alunos dos 6º e 7º anos, aproximadamente 11 e 12 anos

Aulas com mais dinâmicas.

Aulas mais divertidas.

Aulas ao ar livre.

Professores que cantam ou colocam música sobre o conteúdo.

Aulas com mais slides.

Brincadeiras sobre as aulas.

Mais jogos e experiências.

Menos vídeos.

"Eu gostaria que tivesse um pequeno tempo de cinco minutos nas aulas para descansar as mãos. Porque sinto dor nas mãos em todas as aulas." 11 anos

"Eu queria mais aulas invertidas para a gente ser professor." 11 anos

“Na minha opinião, um debate é melhor, o professor explica e podemos conversar e dar opiniões sobre aquilo.” 11 anos

“Para mim, uma aula muito mais interessante, seria se os professores trouxessem mais curiosidades sobre sua matéria e interagissem mais com os alunos”. 12 anos

“Eu consigo entender melhor quando o professor pede para a gente explicar”. 12 anos

Respostas dos alunos dos 8º e 9º.anos, aproximadamente 13 e 14 anos

Envolver mais tecnologia.

Escola mais democrática.

Formas diferentes de explicar os conteúdos.

Mais brincadeiras, dinâmicas e músicas.

Aulas com menos conceitos e mais dinâmicas.

Menos lição de casa.

“A escola, naturalmente, já parece uma prisão, então, poderia ter mais formas de descanso.” 14 anos

“A escola ideal seria aquela que investisse na tecnologia, com mais dinâmicas para melhorar o aprendizado ou até ter um dia da semana separado para estas brincadeiras.” 14 anos

“Ter um plano de ajuda para alunos com mais dificuldades.”

Talvez você tenha se surpreendido com algumas respostas e outras nem tanto.

Vamos retomar uma resposta que me chamou a atenção:
“A escola, naturalmente, já parece uma prisão, então, poderia ter mais formas de descanso” – Aluno de 14 anos

A palavra **prisão**, nos traz a visão de alguém que perde sua liberdade, que obedece regras sem dar sua opinião ou será punido e castigado. Apenas um local, onde se espera que alguém traga alimentos, que espera do outro solidariedade ou até uma visita de um familiar.

Será que é esta escola que queremos? Que nossos alunos e filhos não possam expor suas ideias, que tenham que trabalhar em silêncio, pois só o silêncio é capaz de estabelecer aprendizagem?

Ainda analisando a mesma frase, o aluno ressalta a forma de descanso. Nosso cérebro precisa descansar, atividades mentais exaustivas não são apropriadas para a aprendizagem. Exercícios longos, textos extensos ou até mesmo uma quantidade excessiva de exercícios podem trazer prejuízos à aprendizagem.

Diante de todas as respostas, pude constatar o que já é sabido por nós, as crianças são diferentes e aprendem de forma diferente. Enquanto para alguns alunos aulas com slides e vídeos são interessantes para outros tornam-se cansativas.

A afetividade é um sistema muito importante, mas muito ignorado nas escolas. Os professores precisam ter consciência que uma aula desagradável não trará progressos e avanços na aprendizagem. Ao contrário tornará a visão do aluno o mais correta: uma verdadeira prisão.

Atualmente, já é possível encontrar escolas que trabalham os aspectos socioemocionais tão abordado na BNCC, competências emocionais que trarão benefícios para uma aprendizagem mais significativa, porém há professores que já desenvolvem estas competências desde muito tempo, seja no olhar, no toque ou ao interromper uma aula de Física para abordar a empatia.

Quantas vezes, você, professor não teve que interromper sua aula com o conteúdo programático para falar sobre Bullyng ou amizade, pois seus alunos brigaram no intervalo? Com certeza, não foi uma única vez.

Já é sabido que quantidade de conteúdos não favorece em nada o avanço do aluno, mas então por qual motivo a escola ainda preenche papéis e mais papéis, cadernos lotados e livros totalmente preenchidos?

Certa vez, me deparei com a cena de minha própria filha desesperada ao me ver comprando seus livros do Ensino Médio no início do ano letivo. Realmente, além do valor abusivo que dava para fazer uma bela viagem em um excelente hotel, o volume de mais de treze livros era imenso. Tal foi o desespero dela ao ver a quantidade de livros que teria que dar conta em um segmento.

Se todo o conteúdo que está no livro didático e o que nós, professores, ensinamos em um ano para um aluno fosse realmente ficar dentro do cérebro destas crianças teríamos muitos *Albert Einsten* espalhados por todo país.

O cérebro precisa se emocionar para aprender e memorizar. Quem não se recorda do que aconteceu no dia 11 de setembro de 2001 no EUA?

Tenho certeza que logo vem à sua mente a queda do World Trade Center. E, por qual motivo você se lembrou rapidamente deste fato? Talvez até se recorde do local onde estava ao receber a notícia.

Isto deve-se ao fato do ocorrido ter atingido nossa emoção, inclusive pela repetição da notícia em vários meios de comunicação por muito tempo.

Então, podemos afirmar que emoção e repetição de diferentes formas favorecem a aprendizagem. Esta repetição deve-se às estratégias de transmitir a informação: documentário, imagens, sons, entrevistas com pessoas que estavam no local, música ao fundo das reportagens, etc.

Assim, para aprender é necessário ter emoção e diferentes estratégias em sala de aula.

Desde o início da vida, o bebê já recebe afeto através do toque, da fala e de que suas necessidades são supridas, ao chorar por exemplo. Um bebê chora para receber o colo de alguém porque percebe que recebe o contato com o outro, o carinho e a proteção. Seu cérebro percebe esta emoção através das vias sensoriais e o quanto isto é bom.

Em contrapartida, um bebê que não recebe afeto, cuidado e atenção, seu cérebro percebe que está sozinho e que está sendo sempre preparado para o pior: para o medo, solidão ou suas necessidades básicas não estão sendo supridas.

Já nascemos com uma carga genética, mas o ambiente externo influencia diretamente em nossas percepções cerebrais, assim nosso cérebro começa a estabelecer conexões positivas ou negativas.

Há estudos que o mau humor atinge parte do hipocampo e que se "acostuma" com a parte negativa do mundo e das suas ações.

Nossas experiências e a troca com o outro e o ambiente externo vai moldando nosso cérebro, por este motivo a plasticidade cerebral também atua neste campo. O que diferencia é que quanto menos afeto o indivíduo recebe na infância, e está inserido num ambiente nada acolhedor, com maus tratos, gritos e agressividade, seu cérebro vai registrando uma memória emocional para o medo, para a raiva e tristeza. Tudo isto influenciará diretamente no que este indivíduo se tornará no futuro.

Na escola, também funciona assim. Imagine esta mesma criança que no ambiente familiar não recebe afeto, mas na escola sim. A neuroplasticidade da emoção vai se moldando e liberam a dopamina, que proporciona a sensação de prazer, fazendo com que o indivíduo queira repetir aquela ação.

A emoção começou a fazer parte dos estudos recentemente, pois antes não acreditava-se que a emoção fazia parte do cérebro. Apenas sua anatomia era levada em consideração.

Damásio (2000), realizou testes com indivíduos com lesões cerebrais e com disfunções emocionais e constatou em uma de sua pesquisa que os aspectos intelectuais estavam normais de um indivíduo, porém apenas os emocionais estavam comprometidos.

O trecho a seguir, foi extraído do livro de Damásio (2000), que julgo muito importante para a definição de emoção.

> "Emoções são conjuntos complexos de reações químicas e neurais, formando um padrão; todas as emoções têm algum tipo de papel regulador a desempenhar, levando, de um modo ou de outro, à criação de circunstâncias vantajosas para o or-

> ganismo em que o fenômeno se manifesta; as emoções estão ligadas à vida de um organismo, ao seu corpo, para ser exato, e seu papel é auxiliar o organismo a conservar a vida.

Mesmo sendo verdade que o aprendizado e a cultura alteram a expressão das emoções e lhes conferem novos significados, as emoções são processos determinados biologicamente, e dependem de mecanismos cerebrais estabelecidos de modo inato, assentados em uma longa história evolutiva.

Os mecanismos produtores de emoções ocupam um grupo razoavelmente restrito de regiões subcorticais, começando no nível do tronco cerebral e chegando até regiões localizadas em uma região superior do cérebro; os mecanismos são parte de um conjunto de estruturas que regulam e representam estados corporais.

Todos os mecanismos podem ser acionados automaticamente, sem uma reflexão consciente; a variação individual, considerável, e o fato de a cultura ter um papel na configuração de alguns indutores não impedem que as emoções tenham uma natureza fundamentalmente estereotipada e automática e uma finalidade reguladora.

Todas as emoções usam o corpo como teatro (meio interno, sistemas visceral, vestibular e músculo esquelético), mas as emoções também afetam o modo de operação de inúmeros circuitos cerebrais: a variedade de reações emocionais é responsável por mudanças profundas na paisagem do corpo e do cérebro. O conjunto dessas mudanças constitui o substrato para os padrões neurais que, em última instância, se tornam sentimentos de emoção."

Para Feistein (2006), existem alguns tipos de emoção e para cada uma há uma reação biológica::

- Surpresa: causa elevação da sobrancelha, possibilitando aos olhos reunirem mais informações visuais.
- Felicidade: é determinada como tempo de repouso, enquanto se possibilita o reabastecimento das reservas de energia.
- Raiva: aumenta os batimentos cardíacos e da adrenalina produzindo um acréscimo de força e agressividade.
- Medo: começa com uma resposta de imobilização, o que possibilita ao cérebro uma melhor tomada de decisão. Há um aumento de sangue nos grandes músculos esqueléticos responsáveis pela mobilidade que torna mais fácil evitar o perigo, enquanto o desvio do sangue do rosto e do cérebro faz com que a região fique pálida.
- Aversão: faz levantar o nariz, como se o indivíduo quisesse escapar de um odor ou cuspir algo amargo.
- Tristeza: os seus efeitos deprimem o metabolismo e produz uma inegável falta de energia.
- Amor: produz a resposta de relaxamento que também entram num estado de calmaria e alegria.

Uma notícia muito boa é que, as conexões emocionais percorrem o cérebro muito mais rápido que as cognitivas, isto acontece porque o cérebro emocional está programado para reagir a estímulos emocionais fortes e o cérebro pensante está programado para reagir a estímulos para comparar, analisar de forma mais programada.

Por este motivo, que a emoção vem primeiro que a razão em muitos momentos, explosões de raiva, choro e melancolia aparecem antes do nosso cérebro pensante. Quantas vezes você se arrepende de uma explosão de raiva ao perceber que não haveria necessidade se tivesse pensado antes de agir.

Assim é uma criança pequena, suas emoções estão mais acentuadas do que a razão e ela acaba agindo por impulsos. Isto acontece porque a amígdala e o tálamo estão separados por uma curta distância e uma única sinapse e este sinal chega em fração de segundos.

Para Chopra e Tanzi (2013), o metabolismo das experiências, que é o que seu cérebro está fazendo, depende da qualidade de vida, não da quantidade. Bem-estar é um estado em que a experiência tem as seguintes qualidades gerais, conforme metabolizada no cérebro:

a) Sutilmente você sente que está tudo bem;

b) Você aceita que está tudo bem;

c) Encontra um frescor em novas experiências;

d) Desfruta do sabor de suas experiências;

f) Passa cada dia enfatizando as possibilidades positivas e combatendo as implicações negativas.

> "Essas são qualidades que seu cérebro registra, mas ele não as cria, pela simples razão de que o cérebro não pode ter experiências. Só você pode e, portanto, é você que acrescenta qualidades à vida, sejam elas positivas ou negativas".

Esta afirmação de Chopra e Tanzi, me parece bem procedente quando transpomos para a vida escolar. Quando experiências positivas são proporcionadas aos alunos dentro da escola, mais a escola liberta.

Relatarei uma experiência feita com alunos de diferentes faixas etárias dentro do ambiente escolar e da sala de aula, especificamente.

Combinei com os alunos que deixaria na sala de aula uma caixa que nomeei de *"Caixa das Emoções."* E dentro desta caixa, os alunos poderiam escrever o que sentissem seja de dificuldades em conteúdos programáticos, de socialização ou o que quisessem. O combinado seria que ao término da aula, leria tudo e daria uma devolutiva ao aluno. Ressalto que a identificação seria facultativa.

Tal foi minha surpresa dos resultados, além de estreitar o vínculo entre professor e aluno, alguns recados me deixavam até preocupada. Houve recados de dificuldades de conteúdos como pedidos de socorro de alunos que pensavam em suicídio. Parece exagero, mas qual o papel da escola? E do professor? Transmitir apenas conteúdos programáticos? Não podemos ter esta visão restrita do que é educação e do papel do professor na vida de um aluno.

Se a Neurociência traz a emoção como algo valoroso no cérebro, por que insistimos em deixar isto de lado ainda dentro da escola?

A seguir destaco a imagem da Caixa das Emoções e alguns dos recados que recebi, sem identificar o aluno, por este motivo preferi reescrever os recados.

"Às vezes, me sinto muito sozinha, mesmo estando rodeada de amigos". 14 anos.

"Há vários alunos da minha sala que se mutilam e precisam de ajuda." 13 anos

"Não me sinto bem, sempre tento fazer o bem, mas sempre faço mal." 14 anos

"Meu Deus, eu sei que cometi muitos erros, mas tento ser melhor. Eu tento, tento, mas não consigo. Eu já perdi as esperanças. Por favor, tudo de mais importante na minha vida se foi no meu coração. Eu não quero mais viver. Então, eu te imploro para me tirar deste mundo, por favor. É só isso." 9 anos

Com certeza, você deve também ter ficado preocupado com alguns recados. E como não falar de emoção em sala de aula?

Então, é a hora de unirmos a emoção e os conteúdos dentro da sala de aula.

Capítulo 11

A ludicidade e a neurociência

Pensar no funcionamento do cérebro e suas inúmeras conexões é algo que, muitas vezes, vai além da nossa capacidade de pensamento. Quem nunca parou para pensar ou refletir os mistérios do cérebro e todo seu funcionamento, como sentimos e por que agimos de determinada forma?

A escola é o lugar onde mais se exige que nosso cérebro seja pensante e reflexivo, mas há poucas oportunidades de se colocar em prática o que é relevante numa aprendizagem. Tanto se fala em mudar a educação e a cada dia temos mais e mais documentos que demonstram uma preocupação em melhoria da qualidade escolar.

A Base Nacional Comum Curricular (BNCC), "é um documento de caráter normativo que define o conjunto orgânico e progressivo de aprendizagens essenciais que todos os alunos devem desenvolver ao longo das etapas e modalidades da Educação Básica, de modo a que tenham assegurados seus direitos de aprendizagem e desenvolvimento, em conformidade com o que preceitua o Plano Nacional de Educação (PNE)."

A BNCC, aprovada em 2017, tem vários aspectos importantes para que a criança e o adolescente se desenvolvam de forma plena respeitando as diferenças e incluindo-os no mundo digital.

Dentre as ações mencionadas na BNCC, destaco as seguintes:

- contextualizar os conteúdos dos componentes curriculares, identificando estratégias para apresentá-los, representá-los, exemplificá-los, conectá-los e torná-los significativos, com base na realidade do lugar e do tempo nos quais as aprendizagens estão situadas;
- decidir sobre formas de organização interdisciplinar dos componentes curriculares e fortalecer a competência pedagógica das equipes escolares para adotar estratégias mais dinâmicas, interativas e colaborativas em relação à gestão do ensino e da aprendizagem;
- selecionar e aplicar metodologias e estratégias didático-pedagógicas diversificadas, recorrendo a ritmos diferenciados e a conteúdos complementares, se necessário, para trabalhar com as necessidades de diferentes grupos de alunos, suas famílias e cultura de origem, suas comunidades, seus grupos de socialização etc.;
- conceber e pôr em prática situações e procedimentos para motivar e engajar os alunos nas aprendizagens;
- construir e aplicar procedimentos de avaliação formativa de processo ou de resultado que levem em conta os contextos e as condições de aprendizagem, tomando tais registros como refe-

rência para melhorar o desempenho da escola, dos professores e dos alunos;

- selecionar, produzir, aplicar e avaliar recursos didáticos e tecnológicos para apoiar o processo de ensinar e aprender;
- criar e disponibilizar materiais de orientação para os professores, bem como manter processos permanentes de formação docente que possibilitem contínuo aperfeiçoamento dos processos de ensino e aprendizagem;
- manter processos contínuos de aprendizagem sobre gestão pedagógica e curricular para os demais educadores, no âmbito das escolas e sistemas de ensino.

(Trecho extraído da BNCC, p. 18 e 19).

Para que todas estas ações sejam feitas dentro do contexto escolar há necessidade de um bom planejamento realizado por todo corpo diretivo da escola.

Vamos pensar agora em uma sala de aula heterogênea, onde há alunos com diferentes dificuldades e todo o conteúdo para ser cumprido. Ressalto o mesmo conteúdo igual para todos. Isto será atingido pela minoria e os outros alunos?

A própria BNCC ressalta a importância do brincar na Educação Infantil e vou além, por que não brincar também no Ensino Fundamental?

Em meu livro: o Lúdico na Escola (2018), trago a importância da brincadeira na vida da criança, pois é através da brincadeira que a criança passa a se inserir na sociedade, aprende a partilhar, tolerar e olhar para o outros de forma com que possam aprender juntos.

Quando a brincadeira é inserida no contexto escolar e contextualizada com os conteúdos programáticos a motivação pelo aprender torna-se mais vivaz.

Para que uma aprendizagem seja eficaz é preciso que o cérebro se emocione. E brincar é se emocionar, então unir emoção, brincadeiras e neurociência é a combinação perfeita.

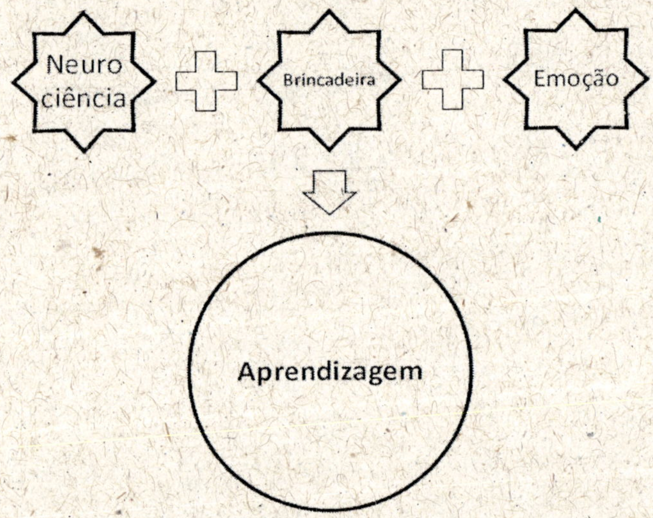

É na infância que o brincar tem passaporte livre e a brincadeira está inserida desde bebê. Ouvir risadas de um bebê, brincar com ele de esconder objetos ou um rosto é algo muito divertido. Mas quais contribuições o brincar traz para o desenvolvimento cerebral?

Há muitos ganhos cognitivos que as crianças podem alcançar quando desempenham atividades divertidas e contextualizadas, dentro de um ambiente favorecedor.

A brincadeira, o brinquedo e o jogo, sem dúvida, são considerados elementos essenciais da infância, por também possibilitarem a construção do conhecimento e do desenvolvimento infantil.

O brincar não pode ser trabalhado de forma isolada dentro da escola, deve fazer parte da rotina dos alunos. Brincar apenas no recreio é muito pouco, e já presenciei alunos deixando de comer para não perder o tempo do brincar.

Quando a brincadeira faz parte deste dia a dia, maiores benefícios teremos na aprendizagem. Durante o processo de aprendizagem acontecem inúmeras transformações físicas e químicas no cérebro, sendo influenciado também por fatores ambientais que podem agir positivamente ou negativamente no indivíduo.

É preciso fazer a transposição dos conteúdos programáticos para atividades mais lúdicas e divertidas. É preciso também que a escola permita o brincar espontâneo, permita que as crianças criem suas próprias brincadeiras.

A criança gosta de brincar, o cérebro gosta de brincar, pois aciona sistema límbico e traz uma sensação de bem-estar. É esta a chave do segredo de motivar alunos. Quando o aluno se diverte e tem prazer pelo que faz dentro da escola a aprendizagem e os conteúdos programáticos passam a fazer parte de seu dia a dia de forma imperceptível. E lógico, o cérebro agradece!

A brincadeira desenvolve:

a) Autonomia: a criança passa a ter iniciativa durante uma brincadeira e coloca-se no papel de protagonista;

b) Memória motora: desenvolvimento de habilidades motoras, equilíbrio, coordenação, tônus muscular. Por exemplo, ao pular corda a criança não só desenvolve a habilidade motora como também a noção temporal.

c) Memória operacional: reter as informações por determinado tempo, por exemplo, um jogo da memória.

d) Desenvolvimento da linguagem: quando a criança verbaliza suas jogadas e interage com o outro estabelece uma relação de comunicação e compreensão.

e) Capacidade de planejamento e execução: esta etapa é muito importante para o desenvolvimento das Funções executivas. Quando é necessário que a criança estabeleça uma organização do pensamento para que possa realizar uma determinada jogada e ganhar o jogo. Há no mercado inúmeros jogos que são muito válidos para este tipo de habilidade para ser desenvolvida.

f) Freio inibitório: aguardar a vez do colega durante uma brincadeira é essencial para que a relação com o outro seja estabelecida.

g) Fortalecimento dos circuitos neurais que interligam o sistema límbico (responsável pelo processamento das emoções) ao neo córtex, proporcionando aos humanos a tomada de decisões, ou seja, habilidades racionais que favorecem a aprendizagem.

h) Estabelecimento de vínculos e relação de afetividade com o outro.

i) Aprimoramento das habilidades perceptivas. Há inúmeras brincadeiras que favorecem as sensações, descobrir um objeto através do tato, um aroma, discriminar um som. Uma brincadeira bem divertida é fechar os olhos de uma criança e ela deverá descobrir, pelo som e tom de voz, qual foi o colega que está falando.

j) Discriminação visual: ao procurar uma figura dentre várias.

k) Associação de sons com seus símbolos visuais.

l) Orientação espacial.

Goleman (2000) aborda que um dos lemas da escola é "Nada Sem Alegria", sendo que as crianças esperam que os adultos tenham a capacidade de proporcionar alegria.

> "É o que exigem de todos e de tudo. Sem irradiar e receber alegria, o adulto não criará uma atmosfera em que a criança possa inventar e criar." (p.73)

Em meu livro, Jogos e Brincadeiras (2017), afirmo que quando o professor propõe jogos para ensinar determinados conteúdos, os alunos participarão, se envolverão e a aprendizagem ocorrerá seja individualmente ou coletivamente.

As brincadeiras e os jogos fazem com que alunos e professores se encantem pelo conteúdo.

Segundo o manual Brinquedos e Brincadeiras de Creches, publicação feita pelo MEC (2012) brincar é repetir e recriar ações prazerosas, expressar situações imaginárias, criativas, compartilhar brincadeiras com outras pessoas, expressar sua individualidade e sua identidade, explorar a natureza, os objetos, comunicar-se, e participar da cultura lúdica para compreender seu universo. Ainda que o brincar possa ser considerado um ato inerente à criança, exige um conhecimento, um repertório que ela precisa aprender.

Algumas das sugestões de brincadeiras descritas nesta obra são coletâneas da minha experiência como professora e algumas são criações que foram sendo aplicadas e testadas, com êxito, em minha prática. Algumas também foram selecionadas no meu livro: O Lúdico no Ensino Fundamental (2017, Edicon).

Espera-se que todos possam aproveitar e aplicar cada atividade não como simples cópia e sim uma aplicação envolvida com emoção. É isto que nos faz ter a certeza da profissão: ***professor!***

Capítulo 12

Jogos e sugestões para estimular o cérebro e transformar a aula

Como já dito anteriormente é sabido que diferentes estratégias em sala de aula favorecem a aprendizagem. A seguir destaco algumas sugestões para desenvolver alguns conteúdos programáticos e "treinar" nosso cérebro para o quanto é bom aprender.

Algumas sugestões a seguir não são totalmente de minha criação e sim uma adaptação a outras. Sugiro também a leitura do meu livro: Jogos e Brincadeiras, para desenvolver os conteúdos programáticos através de uma abordagem psicopedagógica, que possuem outras brincadeiras e jogos adaptados para dentro da sala de aula.

DITADO DE DIREÇÕES COM PAPEL QUADRICULADO

Objetivos: Desenvolver a lateralidade, noção de direita e esquerda, para baixo e para cima, organização espacial, habilidades de execução, processamento de velocidade e tomada de decisão.

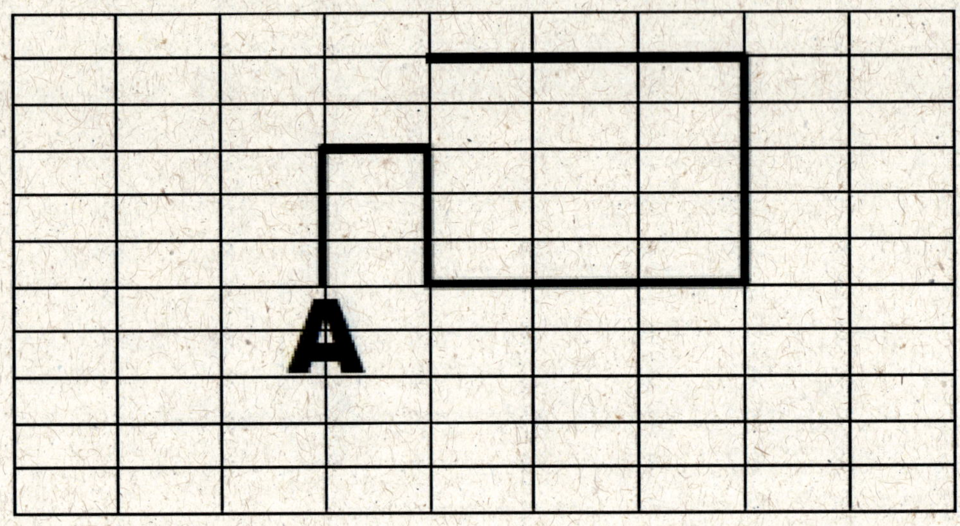

Entregar para cada participante uma folha de papel quadriculado. O professor solicita que a criança desenhe um retângulo com 9 x 11 cm. Esta medida pode variar, dependendo da faixa etária. Dentro deste retângulo o professor solicita alguns comandos como:

a) Desenhe um ponto A na quarta linha da horizontal com a 17º linha na vertical.
b) A partir deste ponto, o professor inicia o ditado de direções.
c) Coloque o lápis no ponto A, ande três quadrados para a direita, dois para cima, cinco para baixo, oito para a esquerda...

d) Como variação o professor pode solicitar que coloque os pontos cardeais em cada extremidade da folha e a criança faz as direções percorrendo, por exemplo: 2 para Leste, 4 para Sul, 8 para Oeste e assim por diante.

JOGO DA MEMÓRIA

Objetivos: O jogo da memória possui uma capacidade de auxiliar as crianças a prestarem a atenção em uma determinada imagem e agir menos impulsivamente e manter as informações na mente para que possa manipular as cartas. Existem inúmeras variações para trabalhar o jogo da memória, além das imagens, o professor poderá utilizar associações de numerais com quantidade, resultado de multiplicação, composição e decomposição de numerais, imagens e palavras ou até mesmo conceitos de Geografia, História, etc.

DOMINÓ DAS CORES

Material: Placas ou cubos de madeira pintado em diferentes cores.

Objetivos: Reconhecer cores, semelhanças e diferenças, flexibilidade cognitiva, sequência lógica e raciocínio. Nesta atividade o aluno terá que associar as peças de acordo com as cores estabelecendo uma relação entre elas. É essencial que após o professor colocar sob a mesa uma peça, solicitar ao aluno que procure entre todas uma que possa dar sequência.

No exemplo a seguir, é possível observar o encaixe das cores.

Com este material é possível trabalhar:

Complementação: o aluno deverá perceber qual cubo falta para completar a figura.

Construção de formas livre: construir um quadrado com 3 x 3.

Jogo da memória: o aluno deverá descobrir qual peça foi retirada de uma sequência.

JOGO DAS BOLINHAS MATEMÁTICAS

Material: uma ficha com bolinhas pretas e dados.

Objetivo: Desenvolvimento do raciocínio lógico, flexibilidade cognitiva, o aluno é capaz de encontrar possíveis soluções para obter os resultados, autocontrole e capacidade de organização espacial.

Em duplas ou individualmente, o aluno joga um dado e o número correspondente que caiu o dado é a quantidade de bolinhas que o aluno circulará. Caso seja feito em dupla, poderá usar cores diferentes e para aumentar a complexidade do jogo utilizar cálculos com dois ou mais dados.

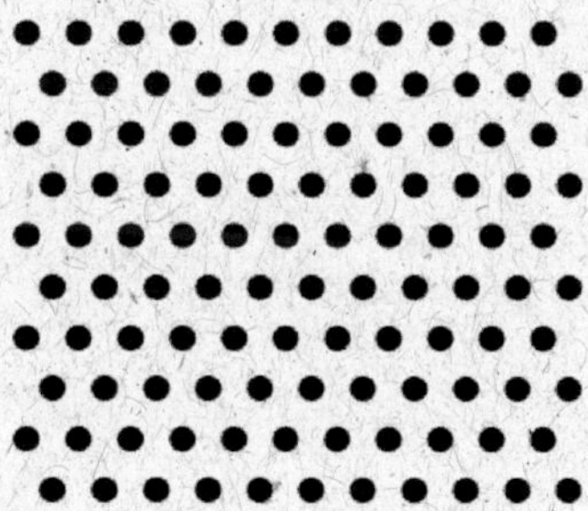

Imagem 1 – Início

1ª jogada – 

2ª jogada – 

Obs. Neste caso a soma deve ser levada em consideração.

Imagem 2 – Após a jogada dos dados
Organizar figuras na sequência
do maior para o menor
em ordem cronológica
por cores
por formas

TANGRAM

CAÇA-PALAVRAS

JOGO DE SETE ERROS

LABIRINTO

CONTAR E RECONTAR HISTÓRIAS

CONSTRUÇÃO DE HISTÓRIAS

DOMINÓ BASEADO EM IMAGENS

QUEBRA-CABEÇA

ACHAR OS OPOSTOS

Atividades que auxiliam o desenvolvimento motor e psicomotor:

- Dobrar e amassar papel;
- recortar tiras, figuras, linhas;
- dobradura;
- quebra-cabeça;
- fazer roupas de papel;
- pinturas com as mãos, pincel, com canetas;
- usar pregador de roupa e pendurá-la em um varal;
- colar pedaços de tecido, lã, fitas;
- girar fitas;
- jogar bolas em um cesto com água e sem água;

- jogar bexigas para o alto;
- empilhar caixas;
- fazer bolinhas de papel ou de massa de modelar e encaixar dentro de um suporte de ovos;
- saltar entre arcos;
- passar por baixo de bancos ou cadeiras;
- equilibrar garrafas PET vazias ou com água;
- andar sobre uma linha determinada no chão, equilibrando-se;
- alinhavos;
- montar um mosaico com grãos;
- assoprar utilizando canudos;
- atividades de simetria;
- preparar a própria massa de modelar com farinha, sal, água e corante;
- futebol de botão;
- ioiô;

FIGURA FUNDO

As crianças devem descobrir as figuras escondidas e identificá-las colorindo. Este tipo de atividade é importante para que a criança possa desenvolver a capacidade de selecionar e perceber objetos que a cercam. Desde bebê, a criança é capaz de distinguir rostos conhecidos entre outros.

Em sala de aula, atividades como estas possibilitam que a criança realize uma determinada tarefa, mantendo sua atenção as partes e também ao todo, excluindo possibilidades. Por exemplo, encontrar palavras em um caça-palavras, encontrar dentro de um conjunto de numerais apenas os números pares. E assim por diante.

REPRODUZIR AS MESMAS FORMAS EM UM PAPEL

O professor entrega as seguintes fichas e os alunos devem reproduzir o mais semelhante possível. O objetivo é perceber como os alunos ocupam o espaço, se as imagens estão proporcionais às figuras mostradas e se possuem todos os segmentos e ângulos. Esta atividade pode ser feita com crianças a partir de 6 anos.

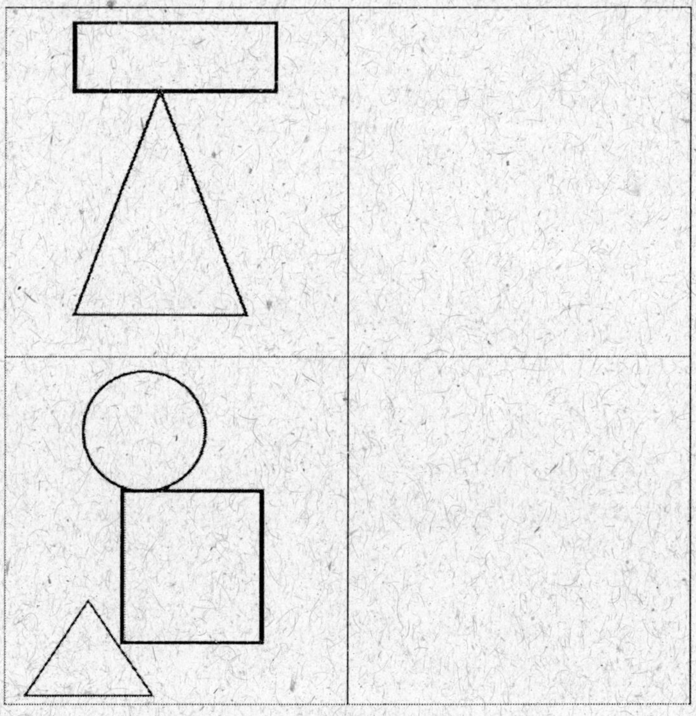

ADIVINHAÇÃO

As brincadeiras de adivinhar estimulam o pensamento lógico, dedução, reconhecimento do todo por uma parte, atenção e observação, nomeação e discriminação visual, porque constituem desafio explícito. Se forem bem conduzidas, levarão as crianças a descobrirem que poderão alcançar melhores resultados se fizerem perguntas mais objetivas.

BLOCOS DE MONTAR

Para crianças com TDAH, os blocos de montar estimulam a criatividade, a motricidade e também a concentração. Crianças com este transtorno possuem dificuldades em atividades com longa duração com desafios além de que sejam capazes.

SOCIALIZAÇÃO

Material: papel colorido de celofane.

Procedimento: Pode ser feito individual ou em dupla. Com o papel celofane os alunos acompanharão o ritmo de uma música reproduzindo os movimentos do professor. Para cima, para baixo, amassar, desamassar, fazer uma bolinha... Como o papel celofane tem leveza e produz som, é interessante solicitar aos alunos que amassem, levantem e abaixem o papel.

Objetivo: Coordenação motora, ritmo, percepção visual e auditiva, partes do corpo, integração com o outro.

ETIQUETAS SOCIAIS

Material: etiquetas adesivas, tamanho pequeno.

Procedimento: Solicitar que os alunos escrevam seu nome na etiqueta, colocando uma letra em cada uma. Depois, em dupla, ao som da música, o aluno colocará no colega uma etiqueta falando a letra do seu nome. Intercalar com o colega. Um de cada vez. Após, colocar a etiqueta, os alunos farão o processo inverso, de retirar. Sempre com o cuidado de não machucar o outro.

Objetivo: Coordenação motora, ritmo, percepção visual e auditiva, partes do corpo, integração com o outro.

MÍMICA

Material: Fichas com figuras (sendo que as figuras devem conter pares)

Procedimento: preparar fichas com diferentes figuras, sendo que deve conter um par de figuras iguais. O professor distribui as fichas aleatoriamente e solicita que os alunos procurem seu par. Após esta etapa, os alunos, em duplas deverão através de mímicas representar a figura da ficha para os demais alunos, sendo que estes deverão acertar. Como exemplo pode ser feito figuras de animais e suas características, ações, culturas regionais...

Objetivos: conceituar conteúdos programáticos, interação e percepção visual.

FICHA

Material: 4 ou mais fichas de diferentes cores. Cada ficha representará um movimento diferente como o exemplo:

Amarelo: pular

Azul: beijar o amigo

Preto: rebolar

Branco: pegar um amigo pela mão e caminhar pela esquerda

Rosa: pegar um amigo pela mão e correr.

Verde: abraçar o amigo

Vermelho: gritar

Procedimento: os alunos deverão andar livremente pelo espaço ao som de uma música. Ao parar a música o professor mostra uma ficha e o aluno realizará o movimento respectivo a cor.

Objetivo: percepção visual, auditiva, reconhecimento de cores e interação.

AGRUPAMENTO CORPORAL

Material: Música

Procedimento: os alunos deverão dançar livremente. Ao sinal do professor os alunos deverão agrupar-se de acordo com as ordens unindo as partes do corpo:

– Três joelhos/ Quatro pés/ Oito cotovelos...

Objetivos: Quantidade, contagem, partes do corpo e integração.

TRANSFORMAÇÃO

Procedimento: dividir a sala em grupos de 6 pessoas colocados em colunas. O professor entrega, ao primeiro jogador de cada grupo, uma folha de papel em que estará escrito o início de uma frase que deverá ser a mesma em todas as folhas distribuídas.

Ao sinal, cada um desses primeiros jogadores escreverá, abaixo um complemento para a frase. No final cada grupo lê a frase formada. Os grupos podem comparar as frases e também a concordância que foi utilizada. Pode ser feito com um início de uma música para dar continuidade.

Objetivo: Construção de frases.

Seguir o traçado igual ao modelo

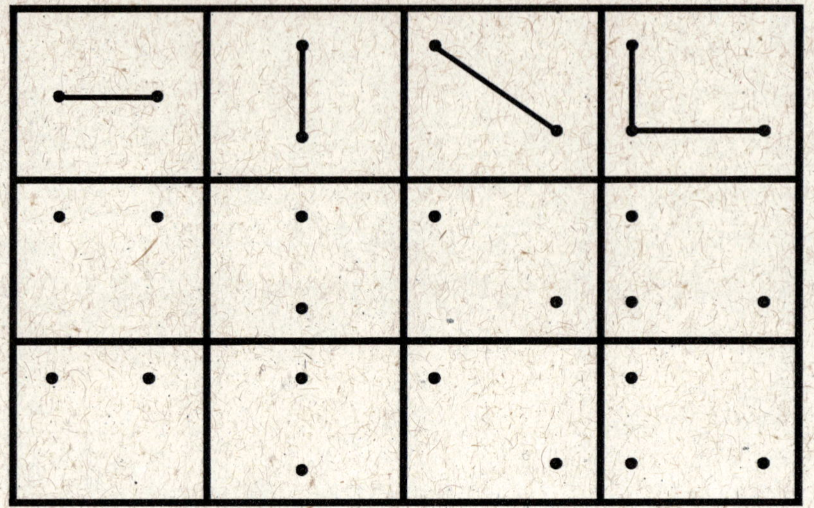

Criar um caminho entre os retângulos

Considerações finais

Um novo olhar para a educação escolar é uma frase impactante, mas pouco praticada.

Participando de congressos, palestras e simpósios, ouço muito que a escola tem de mudar, tem de se adaptar aos novos tempos.

Quantos artigos leio sobre mudar a prática escolar e percebo que as escolas ainda estão muito longe de aplicar o que seria necessário. Temos que tomar um grande cuidado com modismo.

Vejo muitos educadores tentando tornar as aulas mais prazerosas, mas também postando fotos e imagens nas redes sociais como algo competitivo e muito próximo de animadores de festas infantis. Me perdoem a colocação, alguns professores aplicam o lúdico apenas para colocar as fotos em murais na escola, revistas ou nas redes sociais. Na verdade, a prática é bem diferente.

É preciso fazer um resgate bem criterioso do lúdico nas escolas através da música e da brincadeira. Ressalto a palavra brincadeira e não jogo, pois não há ganhadores e sim valorizar a socialização e a interação com o outro.

Brincar requer pensar, vivenciar e acima de tudo alegrar-se. Esta alegria precisa ser fortalecida dentro da escola. O aluno tem que ter prazer pelo ato de estudar e acima de tudo aprender. Quando isto for estabelecido como hábito dentro do universo escolar a aprendizagem dos conteúdos curriculares será mais eficiente.

A aplicação do lúdico no contexto escolar favorece uma interação entre as crianças, significa transformar o dia a dia em aulas mais motivantes e também mais efetivas. Aprender um determinado conteúdo apenas para a avaliação e checagem conceitual não favorece um controle cognitivo autônomo. Outro ponto que é necessário resgatar e intensificar nas práticas escolares é o aspecto emocional.

Os alunos não conseguem socializar-se com o outro sem criar conflitos, os intervalos nas escolas são assustadores, agressões verbais e físicas. Não há tolerância entre eles.

Lógico que muitos destes problemas surgem já na família, aspecto que não foi abordado neste livro, pois nosso objetivo aqui é o aspecto escolar, apesar de ser claro que os dois caminham juntos e não paralelamente. Segundo, Cury (2010), "em que espaço social, em que família ou empresa, se aprende a treinar a filtragem de estímulos estressantes, que é um excelente código da inteligência? Esse lamentável erro educacional, sociológico, pedagógico, psicológico, tem gerado consequências gravíssimas."

Reafirmamos que através do lúdico, das brincadeiras e das músicas podemos minimizar os efeitos do dia a dia estressante que nossos alunos vivem e convivem.

Portanto, conhecer as funções cognitivas, o funcionamento do cérebro, os aspectos motores e emocionais serão o ponto de partida para uma transformação na aprendizagem.

É preciso aprender a aprender!

É preciso olhar para este aluno que está em nossas mãos e buscar estratégias para uma aprendizagem eficiente. Enfim, ser professor é alguém capaz de valorizar pequenas coisas e pequenos acertos, é enxergar possibilidades e caminhar e se encantar por trilhas, muitas vezes, desconhecidas.

Referências

AGUILAR. R. Jogos e brincadeiras para desenvolver os conteúdos programáticos por meio de uma abordagem psicopedagógica. Editora Edicon. São Paulo. SP. 2018.3ª edição.

________________ O lúdico na escola. Editora Edicon. São Paulo. SP. 2017.

ALMEIDA, G. P. Teoria e prática em Psicomotricidade, 2014, Editora Wak, Rio de Janeiro.

ARRUDA, M. Levados da breca, disponível em PDF.

BEAR, MARK F. Neurociências: desvendando o sistema nervoso, Artmed, São Paulo. 2008.

BNCC. Base Nacional Comum Curricular – Educação é a base– Ministério da Educação. 2017.

CHOPRA D. E TANZI, R. E. Supercérebro, como expandir o poder transformador da sua mente. Editora Alaúde, São Paulo, 2013.

COSENZA, RAMON M. Neurociência e educação: como o cérebro aprende. Porto Alegre: Ed itora Artmed.2011.

CURY, A. O código da inteligência e a excelência emocional, Editora Agir, Rio de Janeiro, 2010.

DAMÁSIO, A. O erro de Descartes, emoção, razão e o cérebro humano. Editora Companhia das Letras, 2012. São Paulo.

DAMÁSIO, A. O mistério da consciência, do corpo e das emoções ao conhecimento de si. Editora Companhia das Letras, São Paulo, 2000.

DANGELO, J. G, FATIINI, C. A. Anatomia Humana Básica. Livraria Atheneu. Biblioteca Biomédica; Rio de Janeiro. 1988.

DIAS, N.M e MECCA, T.P (org.). Contribuições da neuropsicologia e da psicologia para intervenção no contexto educacional. Editora Memnon. São Paulo, 2015.

Dourado, H. A. Pequena Estória da Música. Editora Brasil. Irmãos Vitale. São Paulo, 1999.

FEISTEIN, S. Aprendizagem e o cérebro, Instituto Piaget, Horizontes Pedagógicos, Lisboa, 2006.

FERREIRA, J. T. C. Tese de doutorado Transtorno de Déficit de Atenção e Hiperatividade (TDAH): Avaliação Neuropsicológica das Funções Frontais em Crianças e Adolescentes Antes e Após Tratamento com Metilfenidato, 2016.

FONSECA, V. Manual de Observação Psicomotora. Wak Editora, Rio de Janeiro, 2012

GOLEMAN, D. e SENGE, P. O foco triplo, Editora Objetiva, 2015.

GONÇALVES. F. A. A neurociência sob o olhar da psicomotricidade. Editora Cultural. São Paulo. 2019

HERCULANO-HOUZEL, S. O cérebro adolescente: A neurociência da transformação da criança em adulto, 2013

LURIA, A. R. Fundamentos de Neuropsicologia. São Paulo: Ed. da Universidade de São Paulo, 1984.

LURIA, A. R. A mente e a memória: um pequeno livro sobre uma vasta memória. São Paulo: Martins Fontes, 1999.

LURIA, Alexander. Curso de Psicologia Geral. Rio de Janeiro: Civilização Brasileira, 1979 (4 vols.)

LURIA, R. Fundamentos da Neuropsicologia, obra publicada pela Universidade de São Paulo. 1981.

Manual diagnóstico e estatístico de transtornos mentais: DSM-5 – 5ª edição American Psychiatric Association; tradução: Maria Inês Corrêa Nascimento... et al.; Porto Alegre: Artmed, 2014.

NIEDERAUER, A. N. Artigo: As bases neuropsicológicas do comportamento.

ADOLESCENTE E SUAS IMPLICAÇÕES NO CAMPO EDUCACIONAL- Revista Acadêmica Licencia&acturas - Ivoti - v. 2, n. 1 - janeiro/junho • 2014

SAMPAIO, S. Atividades Neuropsicopedagógicas de intervenção e reabilitação,. Editora Wak, Rio de Janeiro.

SEABRA, A. G e DIAS, N.M. Avaliação Neuropsicológica Cognitiva. Atenção e funções executivas. Editora Memnon, São Paulo, 2012.

SMITH,C. STRICK. L, Dificuldades de aprendizagem de A a Z, um guia completo para pais e educadores, Artmed, São Paulo, 2001.

SMOLKA, B. A. L. Leitura e desenvolvimento da linguagem. Mercado Aberto. Porto Alegre. Rio Grande do Sul. 1989.

______________________Brinquedos e Brincadeiras de Creches, publicação feita pelo MEC (2012), manual de orientação pedagógica, Brasília. Tese submetida ao Programa de Pós-Graduação em Ciências Fisiológicas do Centro de Ciências da Saúde da Universidade Federal do Espírito Santo, como requisito parcial para a obtenção do grau de Doutora em Ciências Fisiológicas. Aprovado em 26 de Maio de 2006.

WEISS, M. L. L. Psicopedagogia Clínica – uma visão diagnóstica dos problemas de aprendizagem escolar. DP&A Editora. Rio de Janeiro. 2001.